산행길은 인생길

박상선 지음
ODA 펴냄

산행길은 인생길

인쇄 2019년 7월 23일
발행 2019년 7월 23일

지은이 박상선
디자인 박상선
펴낸이 박상선
펴낸곳 ODA
주소 13581 경기도 성남시 분당구 분당로 212, 203-207
등록번호 제 2012-000083 호
전자우편 odawoki@gmail.com
정가 7,230원
ⓒ박상선, 2019. Printed in Gyeonggido, Korea
ISBN 978-89-969465-4-0

공급처 가나북스
전화 031-408-8811
팩스 031-501-8811
www.gnbooks.co.kr

이 도서의 국립중앙도서관 출판예정도서목록(CIP)은
서지정보유통지원 시스템 홈페이지(http://www.nl.go.kr/kolisnet)에서
이용할 수 있습니다. (CIP제어번호 2019020438)

차례

산행에 대해서

길은 역사입니다. 길에는 삶의 역정들이 배어 있습니다. 인간들이 찾는 산행길에도 삶의 괘적들이 어려 있습니다. 산행길은 인생길입니다. 산은 찾아오는 사람의 신분을 따지지도 묻지도 않고 받아줍니다. 인간들은 산을 정복의 대상으로 생각합니다. 산 정상에 올라서서 산을 정복했다고 자랑합니다. 정복한 것이 아니라 산 정상에 서도록 허락받은 것입니다. 집을 나서 산행을 마치고 무탈한 몸으로 집에 도착해야 성공한 산행입니다. 산의 크고 작음을 떠나서 불귀객(不歸客)이 되는 경우가 없어야 할 것입니다. 가끔 보통 사람들뿐만 아니라 유명한 전문 산악인들도 산에서 불귀객이 되었다는 소식을 듣습니다. 지구 위 최고봉 에베레스트산의 경우에도 등반에 나선 여섯 명 중 한 명 꼴로 불귀객이 된다는 보고입니다.

우리나라 산하에 대해 학교에서 교육을 잘 못 시키고 있다는 것과 산경표(山經表)가 있다는 것을 부끄럽게도 산행를 하면서부터 알게 되었습니다. 산경표는 우리나라 산줄기의 족보입니다. 산줄기는 물줄기를 구획하는 경계가 되는데(山自分水嶺), 겹치거나 중복되지 않고, 오직 하나의 선을 따라 끊기지 않고 이어집니다. 전래의 산경표 15개 산줄기의 이름·순서·거리는 ①백두대간·1,658.6㎞ ②장백정간·364.2㎞ ③낙남정맥·225.6㎞ ④청북정맥·514.2㎞ ⑤청남정맥·355.6㎞ ⑥해서정맥·462.7㎞ ⑦임진북예성남정맥·158.8㎞ ⑧한북정맥·235.5㎞ ⑨낙동정맥·419㎞ ⑩한남금북정맥·158.1㎞ ⑪한남정맥·178.5

㎞ ⑫금북정맥·440.5㎞ ⑬금남호남정맥·70.7㎞ ⑭금남정맥·131.4㎞ ⑮호남정맥·454.5㎞ 입니다. 15개 산줄기를 구획하는 큰 강 10개의 이름·거리는 압록강·803㎞ 두만강·547·8㎞ 한강·481.7㎞ 낙동강·525㎞ 대동강·450.3㎞ 금강·401㎞ 청천강·199㎞ 임진강·272.4㎞ 섬진강·212.3㎞ 예성강·187.4㎞ 입니다. 여기에서 뻗어나가는 지맥(支脈)·기맥(岐脈)을 이야기 하고 있습니다.

　산경표의 기본은 첫째 모든 산줄기 산맥은 큰 강과 내(川) 그리고 골의 분수령으로서 그 하나 하나의 경계선인 분수령입니다. 둘째 산줄기의 시작과 끝남의 지점이 명확합니다. 따라서 정맥의 시작은 특정한 산이고, 그 끝남은 대체로 강 하구의 해안선까지 연결되어 있습니다. 셋째 물줄기를 경계한 산맥이므로 지도 상에서 전국토의 지형 지세를 보다 쉽게 읽고 활용할 수 있게 하였습니다. 수계 중심으로 발달된 도시 형성과 그 생활권역을 그 유역과 함께 파악할 수 있을 뿐 아니라 골짜기까지의 수계 파악도 용이하게 하여 생활과 직결되게 하였으며, 가장 중요했던 내륙 산골까지의 조운 영역도 쉽게 파악토록 하였던 것입니다. 이처럼 우리나라 산줄기 산맥의 개념은 인간주의를 기본으로 한 자연지리를 바탕에 둔 것으로 그 땅과 더불어 살아 온 그 땅 사람들의 지리관인 지리심성 (地理心性 Geomentality)에 기본한 것입니다.

　우리가 배워온 산맥의 이름들은 장백·마천령·함령·낭림·강남·적유령·묘향·언진·멸악·마식령·태백·추가령(구조곡)·광주·차령·소백·노령산맥 등인데 이 산맥들은 1903년 일본의 지질학자 고토 분지로가 발표한 '조선의 산악론'에 기초를 두고 일본인 지리학자 야스 소에이가 재집

필한 '한국지리'라는 교과서에서 기인된 것입니다. (이우형의 '우리 땅의 물줄기를 가른 산줄기' 중에서)

간악한 일본인들이 우리나라 산 정상의 정수리에 신주로 만든 못 침을 박아 놓았습니다. 우리나라 산줄기 산맥의 혈을 끊어버리고자 했던 것입니다. 식당업을 하는 백태흠옹께서 북한산 노적봉의 화강암 정수리 속에 끄트머리가 보일락 말락 한 직경 4센티의 철침을 1년 넘게 주말마다 올라가 바위 손상을 피하기 위해 끌로 철주 주변만 둥글게 파서 무려 140cm나 되는 신주를 끄집어냈습니다. 지리산에 위치한 법계사에는 천왕봉 정상에서 뽑아낸 장정 어깨보다 더 큰 쇠말뚝이 전시되어 있습니다. 남북 공동으로 DMZ지역에서 지뢰 색출 제거 작업이 시작되었습니다만 쇠말뚝 색출 제거 작업이 계속 진행되고 있다는 소식은 더 이상 들리지 않고 있습니다. 통한의 흉터를 없애는 일들 우리 전래의 산경표를 제대로 교육시키는 일들이 후대로 넘어가고 있는 현실이 부끄러울 뿐입니다. 어느 사대파 역사 학자의 수제자가 바로 그 스승의 사관을 따르지 않고 새로운 민족 사관을 정립 설파한 사례처럼 자랑스런 후손들이 태어나서 선조들이 못다 이룩한 이 같은 부끄러운 과업들이 부디부디 성취되기를 소망합니다.

이 책을 마치면서 문득 궁금증이 들었습니다. 과연 내 걸음걸이로 15개 산줄기 마루금을 전부 밟으려면 몇날 며칠이 걸릴까. 한번 추산을 해보았습니다. 내 나이 65세이던 2018년 4월 20일 백두대간 구간 비재에서 속리산 기슭 도하리까지의 GPS eXplorist 310의 기록을 기준으로 하였습니다. 당시 기록은 하루 동안 13.9㎞의 마루금을 휴식시간 포함해서 평균 속도 1.5㎞/h로 10시간 37분 동안 걸었습니다. 물론 구간에 따라서는 이동시간이 산행 시간보다 더 걸리는 경우도 있습니다. 여하튼 이 기록을 기준으로 했을 경우 백두대간은 120일이 소요됩니다. 장백정간은 27일, 낙남정맥은 17일, 청북정맥은 37일, 청남정맥은 26일, 해서정맥은 34일, 임진북예성남정맥은 12일, 한북정맥은 17일, 낙동정맥은 31일, 한남금북정맥은 12일, 한남정맥은 13일, 금북정맥은 32일, 금남호남정맥은 6일, 금남정맥은 10일, 호남정맥은 33일 소요됩니다. 합쳐보니 15개 산줄기의 추산 소요일이 427일 입니다. 14일 두 주에 한 구간을 주행할 경우 완주하는데 16년 5개월이 걸린다는 계산이 나옵니다. 나에게는 평생 과업이 될 수도 없는 엄청난 기간인 것 같습니다. 요즈음 보도에 의하면 에베레스트 정상 데드존 외길에서 병목현상이 자주 발생하고 있기에 외줄을 잡고 대기하고 있다가 내려오는 사람들이 다 내려온 후에야 올라갈 수 밖에 없다고 합니다. 말그대로 데드존에서 기력이 소진되어 숨을 거두는 이들도 속출하고 있답니다. 반면 우리 나라 산줄기는 이렇게 붐비지는 않습니다. 마루금에서 인간들을 전혀 마주치지 않은 날들도 많습니다.

산을 찾으면 행복합니다. 산을 찾으면 사랑이 쌓입니다. 굳이 15개 산줄기 마루금이 아니어도 상관없습니다. 산행길에 나서서 들머리에 들어서게 되면 산자분수령의 이치에 의해 백두산이나 지리산의 정기뿐아니라 우리나라 모든 산줄기의 정기와 이어지게 됩니다. 산행을 마치고 날머리를 벗어날 때면 입산수도를 마치고 환속하는 마음처럼 아름다운 삶 이어가기를 축원합니다.Ω

산행중 음미하면 좋은 말씀 중에서

- 이원규의 지리산 가을 편지 중에서

행여 지리산에 오시려거든 언제 어느 곳이든 아무렇게나 오시기 바랍니다 다만 등산은 말고 입산하러 오시길 등산은 정복욕과 교만의 길이지만 입산은 자연과 한 몸이 되는 상생의 길이기 때문입니다

- 도종환의 산을 오르며 중에서

우리가 오른 봉우리도 많은 봉우리 중의 하나임을 알게 하소서 가장 높이 올라 설수록 가장 외로운 바람과 만나게 되며 올라온 곳에서는 반드시 내려와야 함을 겸손하게 받아들여 산 내려와서도 산을 하찮게 여기지 않게 하소서

- 정희성의 태백산행 중에서

눈이 내리는 산등성 숨차게 올라 가는데 칠십 고개 넘어선 노인네들이 여보 젊은이 함께 가지 앞지르는 나를 불러 세워 올해 몇이냐고 쉰일곱이라고 그중 한 사람이 말하기를 조오흘 때다

- 에우제니오 가리바이 신부의 시 중에서

누가 그대를 이곳으로 이끌었는가 누가 그대를 이곳으로 오도록 만들었는가 나를 밀어내는 힘 나를 끌어 당기는 힘 나는 그것을 설명할 수는 없다 단지 하늘에 계신 그분만이 아실 뿐이다

- 곽선희 목사의 은혜와 진리의 말씀 중에서

시련이란 저주가 아니고 내가 미처 깨닫지 못한 것을 깨닫게 하며 내가 고치지 못한 것을 고치게 하며 새로운 세계로 인도하는 하나님의 커리큘럼이다

산경표 15개 산줄기

압록강   ▲ 백두산   두만강

② 장백정간

④ 청북정맥   (무명)

청천강

⑤ 청남정맥

대동강

⑥ 해서정맥   (무명)   ① 백두대간

예성강

⑦ 임진북예성남정맥   ⑨ 낙동정맥

임진강

⑧ 한북정맥

한강

⑪ 한남정맥

⑫ 금북정맥   ⑩ 한남금북정맥   낙동강

금강

⑭ 금남정맥

⑮ 호남정맥   ⑬ 금남호남정맥

섬진강

▲ 지리산   ③ 낙남정맥

출처 : 박성태의 신산경표 중에서

산경표 산줄기 마루금 루트

① 백두대간(白頭大幹) 1,658.6㎞

백두산-대연지봉-선오산-간백산-소백산-허항령-북포태산-북설령-백사봉-최가령-아무산-누른봉-백사봉-석개령-설령봉분기점〈장백정간의 기점〉-설령봉-대각봉-통골산-동점령-남대령-백세봉-시루봉-황토령-천수령-봉수봉-희사봉-두운봉-가래골산-후치령-연화봉-남산봉-쌍봉-삼봉-통팔령-희사봉-금패령-불개미령-명당봉-명당봉분기점〈장진기맥의 기점〉-백역산-부전령-백암산-맹산-고대산-불산-매봉-황초령-마대산-마대산분기점〈청북정맥의 기점〉-노란봉-검산령-차일봉-백산-검산령-향로봉-사수산-모도봉-백산-마유령-감투봉-망경대령-병풍산-철옹산-거산현-민봉산-장포령-백산-강계산-함지령-피앗데기〈남강기맥의 기점〉-평산덕산-거차령-조개덕산-기린령-재령산-신재령-회동현-두류산〈해서정맥의 기점〉-달악산-마식령-성재-노인치-백암산-광암산-저두봉-봉수령-추애산-두적봉-마상산-성산-식개산분기점〈한북정맥의 기점〉-식개산-배등령-청하산-풍류산-철령-연대봉-장수봉-박달령-도납령-기대봉-망바위산-쌍학산-우동산-추지령-고윤산-판막령-신학산-덕수산-매산-사령-금수봉-선창산-오봉산-옥녀봉-금강산비로봉-월출봉-차일봉-호룡봉-국사봉-매자봉〈도솔지맥의 기점〉-무산-심재령-향로봉〈향로지맥의 기점〉-둥글봉-칠절봉-진부령-마산-새이령-신선봉-미시령-마등령-설악산

대청봉-중청봉-끝청-한계령-망대암산-점봉산-단목령-
북암령-조침령-갈전곡봉-구룡령-약수산-응복산-만월
봉-신배령-오두산두로봉〈만월지맥의 기점〉-동대산〈한
강기맥의 기점〉-진고개-노인봉-소황병산〈황병지맥의 기
점〉-매봉-곤신봉-선자령-새봉-대관령-능경봉-고루포기
산-서득봉-닭목재-화란봉-석두봉-대화실산-삽당령-두
리봉-석병산-생계령-자병산-백봉령-상월산-수병산-고
적대-청옥산-두타산-댓재-덕항산-구부대령-건의령-매
봉산분기점〈낙동정맥의 기점〉-매봉산-금대봉〈금대지맥
의 기점〉-함백산〈두위지맥의 기점〉-화방재-태백산-고직
령-구룡산-옥돌봉〈문수지맥의 기점〉-선달산-늦은목이-
마구령-미내재〈자개지맥의 기점〉-고치령-배바위-국망
봉-소백산비로봉-제일연화봉-제이연화봉-죽령-도솔봉-
묘적봉-묘적재〈지구지맥의 기점〉-뱀재-저수령-문봉재-
벌재재-황장산-차갓재-대미산〈등곡지맥 및 운달지맥의
기점〉-포암산-하늘재-부봉〈계명지맥의 기점〉-마폐봉-
영남제3관문-조령산-이화령-황학산-백화산-이만봉-시
루봉-희양산-구왕봉-은치재-장성봉-대야산-밀치-조항
산-청화산-눌재-문장대-속리산천황봉〈호서정맥의 기점
〉-형제봉〈작약지맥의 기점〉-봉황산〈팔음지맥 및 숭덕지
맥의 기점〉-신의터고개-지기재-백학산-큰재-국수봉〈기
양지맥의 기점〉-사기점고개-난함산-추풍령-눌의산-장
군봉-가성산-궤방령-천덕산-황학산-바람재-질매재-밀
목령-삼도봉〈각호지맥의 기점〉-대덕산-대덕산분기점〈
수도지맥의 기점〉-삼봉산-신풍령-제이덕유산〈덕유지맥
의 기점〉-동엽령-무룡산-삿갓봉-남덕유산〈진양기맥의
분기점〉-합미봉-육십령-깃대봉-덕운봉-영취봉분기점

〈금남호남정맥의 기점〉-백운산-중고개재-월경상-봉화산〈연비지맥의 기점〉-시리봉-사현-고남산-여원재-수정봉-고리봉-만복대-고리봉-종석대-노고단-반야봉-날라리봉-토끼봉-명선봉-형제봉-덕평봉-칠선봉-영신봉-지리산천왕봉

② 장백정간(長白正幹) 364.2㎞
설령봉분기점-고두산-학장현-괘상봉-투구봉-궤산봉-관모봉-도정산-대련골산-고성산-비석골산-용암산-민사봉-무산령-무릉산-토성봉-감투봉-어명산-백사봉-조두봉분기점〈온성기맥의 기점〉-보로지봉-마대령-송진산-백학산-옹기령-죽산봉-우암산-우암리

③ 낙남정맥(洛南正脈) 225.6㎞
영신봉-지리산천왕봉-삼신봉-묵계치-길마재-돌고지재-옥산분기점-옥산-배토재-옥녀봉-태봉산-가화천(수로)-실봉산-무선산-돌장고개-봉대산-양전산-부련이재-백운산-천황산-대곡산〈통영지맥의 기점〉-무량산-백운산-성지산-덕산-매봉산-탕끈재-필두봉-용암산-벌밭들-깃대봉-발산재-영봉산-오곡재-미산령-여항산-서북산-봉화산-한치-광려산〈화개지맥의 기점〉-대산-대곡산-무학산-마재고개-천주산-굴현-정병산-비음산-대암산-용지봉〈무척지맥의 기점〉-용두갈림-매봉산-황새봉-나밭고개-영운리고개-분성산

④ 청북정맥(清北正脈) 514.2㎞
마대산분기점-소마대령-소마대산-마대령-동백산-한태

령-낭림산〈중강기맥의 기점〉-광성령-대남백산-웅어수
산〈청남정맥의 기점〉-두첩산-소유곡산-매막령-석립산-
응동령-중지봉-갑현령-밀풀덕산-직곡산-시루봉-백산청
학대-초막령-두첩산-명문고개-무쌍봉-대바위산〈장자기
맥의 기점〉-항래봉-광대봉-유둔령-각태봉-극성령-우현
령-대용각봉-동림산-대암봉-호미봉-피난덕산-월은내
령-월은봉분기점〈대령기맥의 기점〉-대암산-단풍덕산-
입봉-비래봉-완항령-소막령-사류곡산-오봉산-촉대봉-
증봉-연대봉-온정령-거문산-회양산-대성령-용무산-천
마산-은창산-청룡산-덕덕봉-가인봉-항산령-탁기산-문
수산-도미라산-입봉-망일산-봉수대지-용골산-법흥산-
덕봉-연태산

⑤ 청남정맥(淸南正脈) 355.6㎞
웅어수산-흑동령-소백산-향라봉-연재덕봉-천상대-향라
봉-무동산-천쾌산-오령-인달산-묘향산비로봉-강선봉-
달마봉-가마봉-늘떼기산-새덕산-쾌봉-두일령-용문산-
삼봉령-월봉산-알일령-백탑산-오봉산-응봉-주마산-지
장현-마두산-상산-접무봉-박달봉-도운산-강룡산-체봉-
태조봉-미두산-덕산-자화산-금강산-만덕산-성태산-월
봉산-봉황산-수란봉-도태산-운룡산-매암산-광동산-오
석산-신덕산-법천산-부형봉-운림봉-우산국사봉-연대
산-대동강(좌)

⑥ 해서정맥(海西正脈) 462.7㎞
두류산-아호비령-덕골산-만년덕-가사산-육판덕산-동백
년산-형제봉-대암산-고달산-선바위산-명지덕산-명지

덕분기점〈임진북예성남정맥의 기점〉-간칠봉-유현-대각산-언진산-깃대봉-이현-천자산-피란산-감박산-금초산-춘광산-복희산-초대현-멸악산-군장현-자란봉-옥녀봉-자작현-주지봉-추봉-운달산-장봉-구지봉-마늘산-창검산-수양산설유봉-북숭산-책암산-지남산-천봉산-수유현-양웅산-까치산〈장산기맥의 기점〉-달마산-응봉-운계산-상산봉-구월산사황봉-오봉-주지산-고정산-대동강하구

⑦ 임진북예성남정맥(臨津北禮成南正脈) 158.8㎞
명지덕분기점-양지현-장재덕산-발은치-율목산-화개산-고주애산-신파현-설화산-대하현-학봉산-국사봉-수룡산-황계치-대개산-마좌봉-월양산-묘지산국사봉-천마산-매봉-송악산-오공산-남산-진봉산-백마산-유도북쪽하구

⑧ 한북정맥(漢北正脈) 235.5㎞
식개산분기점-백봉-백암산-장바위산-양쌍령-남미봉-장자산-벽력암산-중철골고개-중치령-삼천봉-적근산-말고개-대성산-수피령-복계산-복주산-하오현-상해봉-광덕산〈명성지맥의 기점〉-광덕현-백운산〈화악지맥의 기점〉-신로령-국망봉-강씨봉〈명지지맥의 기점〉-청계산-원통산-운악산-수원산〈천마지맥의 기점〉-국사봉-죽엽산-축석령〈수락지맥의 기점〉-덕고개-큰테미-샘내고개-불국산-산성-호명산-한강봉〈도봉지맥 및 감악지맥의 기점〉-챌봉-울때고개-사패산-도봉산-오봉-소귀고개-상장봉-노고산-숫돌고개-국사봉-현달산-고봉산-황룡산-장명산

⑨ 낙동정맥(洛東正脈) 419.0㎞

매봉산분기점-백병산-토산령-면산-석개재-묘봉〈아구지맥의 기점〉-백병산〈육백지맥의 기점〉-진조산-답운치-통고산-칠보산〈덕산지맥의 기점〉-한티재-추령〈금장지맥의 기점〉-백암산-삼승령-독경산-울치재-맹동산-명동산〈화림지맥의 기점〉-포도산-황장재-대둔산-벅구등-왕거암-대궐령-별바위-피나무재-질고개-통점재-가사봉분기점〈보현지맥의 기점〉-가사령〈비학지맥의 기점〉-사관령-배실재-침곡산-한티재-화령현-운주산-이리재-도덕산-삼성산-시티재-어림산-마치재-할마당재-관산-만불산-사룡산분기점〈비슬지맥의 기점〉-숲재-독고불재-땅고개-단석산-소호고개-백운산분기점〈호미지맥의 기점〉-백운산-고헌산-외항재-운문령-가지산〈운문지맥의 기점〉-능동산-간월산-신불산-영축산〈영축지맥의 기점〉-지경고개-노상산-정족산〈남암지맥의 기점〉-천성산-천성산〈용천지맥의 기점〉-지경고개-계명산-금정산-산성고개-금정봉-백양산-엄광산-구덕산-아미산-괴정고개-봉화산-몰운대

⑩ 한남금북정맥(漢南錦北正脈) 158.1㎞

속리산천황봉-말치고개-수철령-장구봉-탁주봉-시루산-구봉산-구룡산〈금적지맥 및 팔봉지맥의 기점〉-살티재-국사봉-백족산-선두산-선도산-상봉재-상당산성-인경산-구녀산-분젓치-좌구산-질마재-칠보치-칠보산-모래재-보광산-고리터고개-보천고개-행테고개-큰산-돌고개-보현산〈부용지맥의 기점〉-소속리산-우등산-다홍산-마이산-화봉육교-황색골산-산박골산-바카프미산-걸미

고개-칠장산분기점〈금북정맥 및 한남정맥의 기점〉

⑪ 한남정맥(漢南正脈) 178.5㎞

칠장산분기점-칠장산-관해봉-도덕산-뒷산-국사봉-상봉-가현치-달기봉-구봉산-문수봉〈앵자지맥 및 쌍령지맥의 기점〉-무네미고개-함박산-하고개-부아산-멱조고개-석성산-할미성〈검단지맥의 기점〉-양고개-소실봉-매봉-형제봉-광교산-백운산-지지대고개-오봉산〈서봉지맥의 기점〉-수리산-수암봉-운흥산-양지산-할미산-성주산-거마산-철마산-만월산-함봉산-철마산-철마산-계양산-방아재고개-가현산-필봉산-수안산-것고개-문수산-한강(우)

⑫ 금북정맥(錦北正脈) 440.5㎞

칠장산분기점〈한남정맥의 기점〉-칠현산-덕성산-무이산-옥정현-베티고개-서운산-엽돈재〈만뢰지맥의 기점〉-부수문이고개-성거산-걸마고개〈영인지맥의 기점〉-태조봉-취암산-한치고개-고려산-고등고개-돗고개-국사봉-차령고개-봉수산-석지골고개-곡두재-갈재고개-각흘고개-봉수산-천방산-극정봉-차령고개-장학산-천봉-국사봉-금자봉-문박산-여두재-천마봉-오봉산〈서봉지맥의 기점〉-공덕재-백월산〈금북지맥의 기점〉-스므재-우수고개-오서산〈봉수지맥의 기점〉-남산-하고개-일월산-까치고개-홍동산-수덕산-뒷산-가야산가야봉-석문봉〈석문지맥의 기점〉-일락산-상왕산-동암산-안산-은봉산-양대산-모과울고개-성왕산-솔개재-금강산-물래산-오석산-백화산-모래기재-퇴비산-구수산-장재-매봉산-전막산-남산-지령산-

안흥해안

⑬ 금남호남정맥(錦南湖南正脈) 70.7㎞
영취봉분기점-무령고개-장안산-밀목치-사두봉-수분재-
신무산-자고개-팔공산〈개동지맥의 기점〉-서구리재-오
계차-홍두깨재-신광치-성수산-마이산-활인동치-부귀
산-조약봉분기점〈호남정맥 및 금남정맥의 기점〉

⑭ 금남정맥(錦南正脈) 131.4㎞
조약봉분기점〈호남정맥의 기점〉-입봉-보룡고개-연석
산-운장산-싸리재-싸리봉분기점〈금남기맥의 기점〉-선
봉갈림〈성치지맥의 기점〉-육백고지〈식장지맥의 기점〉-
인대산-배티재-대둔산-월성봉-바랑산-덕목재-깃대봉-
함박봉-천호봉-천마산-항적산-계룡산천황봉-쌀개봉〈관
암지맥의 기점〉-관음봉-삼불봉-수정봉-널티-성정산-진
고개-금성산-부소산

⑮ 호남정맥(湖南正脈) 454.5㎞
조약봉분기점〈금남정맥의 기점〉-곰치재-만덕산-마치-
촛대봉-박이뫼산-슬치-갈미봉-옥녀봉-경각산-불재-치
마산-소금바위재-오봉산-묵방산〈모악지맥의 기점〉-성
옥산-왕자산-구절재-장군봉-서적골재-고당산-개운치-
비룡-추령-장군봉-연자봉-내장산신선봉-까치봉-새재
봉분기점〈영산기맥의 기점〉-백암산상왕봉-곡두재-대각
산-도장봉〈병풍지맥의 기점〉-밀재-추월산-천치재-용추
봉-오정자재-광덕산-산성산-덕진봉-봉황산-서암산-설
산-괘일산-무이산-과치재-연산〈통명지맥의 기점〉-방아

재-만덕산-수양산-국수봉-노가리재-까치봉-유둔재-북산-무등산-안양산-별산-묘치고개-천왕산-구봉산-서밧재-천운산-돗재-태악산-노인봉-성재봉-촛대봉-두봉산-개기재-계당산-예재-봉화산-고비산-큰덕골재-군치산-숫개봉-봉미산-웅치-국사봉-깃대봉-바람봉분기점〈땅끝기맥의 기점〉-삼계봉-가지산-피재-병무산-용두산-시목치-제암산-사자산〈사자지맥의 기점〉-골치-일림산-활성산-봇재-봉화산-기러기재-대룡산-오도재-방장산-주월산-무남이재-적지봉분기점〈고흥지맥의 기점〉-존제산-큰봉-주랫재-석거리재-백이산-빈계재-고동산-조계산-접치-오성산-유치산-희아산-노고치-문유산-바랑선-송치-병풍산-농암산-수리봉-갓거리봉-미사치-미사봉분기점〈여수지맥의 기점〉-갈미봉-형제봉-등주리봉-도솔봉-백운산-매봉-갈미봉-쫒비산-토끼재-불암산-국사봉-천왕산-망덕산-섬진강(좌)

출처 : 박성태의 신산경표 중에서

백두대간 비재에서 천황봉까지

2018년 4월 20일 금요일
비재 : 경북 상주시 화남면
천황봉 : 경북 상주시 화북면

지금 시작하라 지금이 바로 그때다. 현재 시간 오전 10시 25분. 백두대간 북진 구간 들머리 비재다. 참으로 오래간만에 이어지는 대간길이다. 아들이 GP복무를 마칠 때까지 대간길 종주를 마치려 다짐했던 것 같은데 유감스럽게도 그러지를 못했다. 이 나이에 노구의 몸으로 대간길 종주를 이어가는 것이 가족들에게는 큰 걱정거리가 되고 있는 듯하다. 나 자신과 했던 약속을 지키지 못한 자책감으로 인해 어떻게든지 대간길을 반드시 완주하고자 한다. 그러나 매번 아내와 자식들이 만류시키려 하기에 집을 나설 때마다 마음이 그리 편치 않다. 오늘도 놀란 토끼 눈으로 쳐다보는 아내의 눈길을 뒤로 하고 새벽길을 나섰다. 콜택시 및 지하철 첫차를 타고 남부터미널로 이동하였다. 청주를 경유하는 6시 20분 발 화령행 첫차를 탔다.

우리 버스는 10시 20분에 회령터미널에 도착하였다. 터미널 편의점 주인에게 콜택시를 불러달라고 부탁하였다. 10분 정도 달려 비재 표지석 앞에 내렸다. 택시비 15,000원을 지불하였다. 들머리로 이동하는데 4시간이 소요되었다. 하루 주행량의 절반을 갈 수 있는 시간을 길거리에서 소비하였다.

쌍스틱을 조립하고 지피에스GPS eXplorist 310을 작동시켰다. 지피에스 GPS eXplorist 310에 백두대간길 트랙로그를 내장했기에 적어도 알바(길을 잃고 헤매는 것을 뜻하는 등산 은어)할 가능성은 거의 없다. 트리톤 Tritton등을 거쳐 4번째 사용중인 지피에스 기종으로 산행길 안내자 역할을 톡톡히 하고 있다. 트립Trip 기록은 스마트폰 앱으로 기록을 한다. 기록 사진을 몇 컷 찍은 후 들머리에 올라섰다. 가파른 나무 계단길이 길게 이어져 능선 안부까지 이어지고 있다. 지난번 직전 구간을 주행 중에 무릎이 말썽을 부려 계획했던 하루 종주 일정을 포기하고 이곳 비재로 중도 하산을 하였었다. 오늘은 범티재에서 하산하려고 한다. 택시에서 내리며 기사에게 범티재에서 콜하겠노라고 했지만 오늘도 예기치 않게 허언(虛言)이 되어 버렸다.

날씨가 참으로 화창하다. 등로에는 생명력이 넘쳐나고 있다. 나뭇잎이 파릇파릇 돋아 나고 온갖 풀은 건강한 녹색 빛을 찬란하게 뿜어내고 있다. 철쭉 꽃과 야생화가 원색의 빛을 뿜내고 있다. 인간들의 간섭을 받지 않고 자연은 이렇게 풍요로운 모습으로 일상들을 이어가고 있다. 고만고만한 가풀막들이 굽이치고 있다. 등로에 낙엽이 수북히 쌓여 있기에 등산화가 진흙 밭에 빠지듯 푹 내려서 딛게 된다. 오르막이나 내리막에서 무심결에 미끄러지기도 한다. 눈길을 걸을 때는 아이젠으로 미끄럼에 방비할 수 있지만 낙엽길은 스틱으로 균형을 잡으며 조심조심 발걸음을 내디뎌야 한다. 오늘 하루 몇 번인가 미끄러졌고 엉덩방아도 두 번인가 찧었다. 자칫 발목이 접질려 질 수도 있고 허리가 삐끗할 수 있으니 조심하자.

못재가 다가선다. 대간길 위에 유일한 습지대라고 안

내판에 소개되어 있다. 지피에스GPS로 고도가 650.2m로 측정이 된다. 관심법의 대가(大家)였던 견훤의 일화가 함께 기록되어 있다. 등로는 파도가 굽이치듯이 오르고 내리기를 반복한다. 두툼한 동아줄을 바윗길 틈새 오르막이나 내리막에 설치해 놓았다. 의외로 까다롭고 힘든 등로가 이어지고 있다. 11시 32분. 무명봉 정상에 손바닥만 한 평지가 있어 이곳에서 점심을 먹기로 하였다. 무게가 좀 나가지만 보온통과 텀블러에 밥과 국을 담아왔기에 따듯한 음식을 먹을 수 있다. 집에서 뜨거운 물에 타 온 커피도 한 잔 마셨다. 집을 나설 때 잰 배낭 무게가 7kg를 넘었다.

안전 산행을 위해서는 일몰 전에 날머리를 벗어나야 한다. 오늘 이곳 상주지역 일몰 시간이 7시 6분으로 안내되고 있다. 적어도 5시 전후에서 능선 안부에서 하산등로로 방향을 잡고 내려서야 할 것 같다. 하산 등로를 어디로 할 것인가. 하산 등로 지점인 갈령삼거리, 피앗재를 지나치는 시간이 2시간 이후이고 다음 지점이 천황봉 발치인바 아무래도 일몰 후 상당 시간 하산 등로를 내려가야 하지 않을까 생각된다.

낙엽이 수북이 쌓인 등로가 계속 이어진다. 비탈 등로에서는 자칫 미끄러지기 십상이다. 갈령삼거리를 지나며 등로가 어째 대간길이 아닌 것 같아 GPS괘적을 확인하니 아니나 다를까 엉뚱한 길이다. 뒤돌아서서 오던 길을 되짚어 가서 대간길 길목으로 다시 들어 섰다. 바위 구간이 나타나고 가파른 바위 틈샛길을 오른다. 밧줄이 길게 늘어져 있다. 밧줄이 없다면 네발로 기어서 올라가야할 판이다. 비가 내리거나 눈발이 날릴 경우 참으로 거친

길로 돌변할 그러한 지형이다.

형제봉이다. 해발 845m이다. 오늘 들머리에서 이곳까지 4.7km 거리에 4시간 27분이 걸렸다. 시간당 평균 1.7km 속도다. 송판 표지판이 피앗재까지를 1.7km로 안내하고 있다. 오늘 탈출로를 생각한다. 피앗재 탈출로를 지나치면 형제봉이나 문장대에서 탈출을 해야 하는데 시간적으로 깊은 밤이 될 수 있다. 시간적으로 일몰 무렵에 형제봉 안부 기슭에 도달하지 않을까 생각해본다. 안부 능선 길이 말 그대로 말 등어리처럼 좌우로 굽이치며 오르내리며 이어지고 있다. 진행 방향의 2시 방향 아래로 포장 도로가 조망된다. 도로 위를 달리는 차량이 별로 없다. 저 도로로 내려서는 탈출로가 혹시 있으려나 생각해본다.

오늘 저녁 인근 마을로 내려가 민박을 한 후 내일 종주를 이어갈까 하는 생각도 해보았다. 등산 지도에 나와 있는 인근 숙박 업소에 전화했으나 수리 중이라며 관광지 팬션을 알아보란다. 114안내 전화로 인근 민박집이나 숙박 업소의 전화 번호를 문의해 보았으나 안내원이 내가 능선 상 소재하고 있는 위치를 전혀 인지를 못한다. 상주시에서 어느 정도 떨어져 있느냐며 나에게 되레 물어본다. 백두대간길이 어디로 이어지고 있는지 전혀 모르는 듯하다. 혹시나 하고 면사무소에 전화하니 문장대까지 일단 가란다. 이들도 자기 관내 백두대간 등로에 대해 자세히 모르는 듯하다. 이 또한 한밤중에나 도착할 수 있음을 전혀 예상치 못하는 답을 한다. 깝깝할 노릇이다. 물론 이분들도 나만큼 깝깝했을 것이다.

속리산 공원 사무실에서는 백두대간길을 잘 안내할

것 같아 현 위치 번호 표지판에 안내된 전화 번호로 전화를 하였다. 휴대폰 전화가 잘 연결되었다. 통상 어느 구간에서는 먹통이 되는 경우도 많이 경험한다. 오늘 당직자가 최근에 이 지역을 순찰했다면서 친절하게 응대한다. 문장대까지 가서 콜택시로 하산코자 한다고 하자 그러지 말고 도하리 마을로 즉각 하산할 것을 강력히 권유한다. 이 권유를 따르기로 했다. 조난 사고를 우려하는 듯 하산길을 내려오는 내내 공원 당직자로부터 대여섯 번 확인 전화를 받았다.

하산로는 칠흑처럼 어둠 속에 잠겨 버려 헤드램프없이는 한 발자국도 내려설 수 없다. 나무 계단 고정용 철심이 노출되어 있다. 미끄러져 엉덩방아를 찧는 경우 자칫 큰 부상을 당할 위험 등이 도사리고 있다. 마음이 바쁘지만 천천히 조심조심 내려가자. 어둠을 헤치며 긴긴 등로를 내려왔다. 마을과 동떨어진 곳에 위치한 축사에서는 불꺼진 채 개들만이 요란하게 짖고 있다. 저만치 동네 불빛이 보이기 시작한다. 어디선가 식식거리는 숨소리가 들리는 듯 하더니만 커다란 물체가 뒤편에서 바람처럼 스치면서 어둠 속으로 순식간에 사라져 버린다. 놀래라. 나중에 택시 기사에게 이 상황을 말했더니 멧돼지가 자주 출몰하는 지역이란다.

밤 9시를 넘어 콜택시를 탔다. 인근 지역 여인숙에서 하룻밤을 유하려고 했으나 택시 기사가 그 숙박비용으로 대전에서 KTX를 타고 귀가하시라고 권유를 한다. 비행기처럼 안전하고 신속하게 대전역까지 모셔다 드리겠단다. 가만히 생각해보니 베리 굿 아이디어다. 기사의 권유를 따르기로 하였다. 당초 이번 주행은 첫날 주행 후 현지에서 숙박을 한 후 이튿날 다시 주행을 이어가고자 했다. 허나 현지 숙박 시설이 대간길과 너무 동떨어져 있고 산행 음식 준비도 여의치가 않을 것 같아 결정을 못하고 어정쩡한 상태였는데 기사의 권유를 듣고 이튿날 주행 계획은 접었다.

2013년과 2017년에 산띠아고 길을 각각 30여 일간 순례하였다. 800km에 달하는 순례길 루트에는 순례하는 동안 숙식을 저렴하고 손쉽게 이용할 수 있게 편의 시설 등을 갖추고 있다. 대간길 루트도 현지에서의 숙식 문제만 더 용이해질 경우 한 번에 수일씩 숙식하면서 종주를 이어나갈 수 있지 않을까 생각해본다. 가끔 외국인들도 대간길 종주에 나섰다는 소식을 듣고 있다. 북한 쪽 백두대간길을 종주를 했다는 외국인의 인터뷰 기사를 접하면서 빠른 시일 내에 남한 쪽 사람들도 백두산까지 주행할 수 있기를 소망한다.

우리 열차 KTX는 서울역에 자정을 넘어 도착하였다. 광역버스를 타고 집에 도착하니 새벽 2시가 넘어가고 있다. 배낭을 벗자마자 딸이 끓여준 라면을 한 그릇 하고 나니 이리 좋을 수가 있는가. 나야 참으로 기분 좋은 하루였으나 식구들에게는 그렇지 못한 것 같아 미안함을 느낀다.Ω

백두대간 화령재에서 비재까지

2016년 10월 7일 금요일
화령재 : 경북 상주시 화서면 상현리
비재 : 경북 상주시 화서면 동관리

　참으로 오랜만에 대간길을 이어갔다. 기록을 보니 화령재에서 멈춘 지가 꽤 되었다. 체력이나 의욕이 다 전 같지 않구나. 승용차로 집을 나서 아내를 데려다 준 후 2시간 171km를 이동하여, 우리 승용차는 10시 45분에 상주 화령재에 도착하였다.

　상주 하늘은 시커먼 구름으로 뒤덮혀있고 뇌성소리가 자주 들려온다. 태풍 여파가 북상 중인 모양이다. 통상 8시간 정도 걸리는 종일 종주는 아침 8시 전에 출발해야 하산길이 여유롭다. 오늘처럼 늦게 출발하면 먼저 마음부터 쫓기는 입장이라 서둘다 보면 주행 리듬도 꼬이고 과속 주행으로 결국은 종반에 탈이 나서 무릎이나 발목 등에 이상이 생기기도 한다. 장거리 종일 종주는 여유로운 마음으로 만만디 주행을 해야만 무탈하게 끝낼 수 있음을 유념해야 좋을 것 같다. 가급적 새벽이나 오전 일찍 시작하면서.

　화령재 쉼터의 간이 화장실 옆 둔덕으로 관목 잡풀더미 사이로 대간길이 열려 있다. 종주 리본이 달린 나뭇가지를 헤치며 둔덕으로 올라섰다. 차도와 평행으로 몇 걸음 가자 이내 차도로 다시 내려서게 된다. 49번 도로를 건너 백두대간 안내 입간판이 서있는 등로로 올라섰다.

관목 잡풀 물결이 대간길 따라 펼쳐지고 있다. 오늘은 무게가 1kg가 넘는 DSLR를 가지고 왔다. 오늘은 작정하고 대간길에서 마주치게 될 아름다운 우리 강산의 영상을 담아 보고자 한다.

등로가 사람 키높이의 잡풀과 관목 물결이라 간간히 두 손을 얼굴 높이로 올리고 나무 잔가지를 헤치며 나가야 한다. 긴팔 티를 입어야 하고 뺨을 스치는 잡풀 잔가지 때문에 버프로 얼굴을 감싸야 할 것 같다. 등로 양편으로는 빗물이 흘러 내리면서 갈라 놓은 듯 낙엽 더미들이 소록소록 쌓여 있다. 완만한 등로를 호젓이 걷는다. 백두대간 표지목 앞에 배낭을 부리고 점심을 먹었다. 오늘은 잊지 않고 고시레를 외쳤다. 이들의 가정과 기업 그리고 이 나라 머리 위에 더없는 은총을 내려주시옵소서.

식사를 마칠 무렵 봉황산 쪽에서 한 노인이 말을 건네며 다가 선다. 낫과 비닐 봉투를 들고 있다. 이 아래 화평 마을에 거주하는 82세 어르신인데 뭘 좀 캐러 왔는데 별로 없단다. 이 어른에게는 백두대간길이 동네 산이 되는 셈이다. 젊은 시절엔 이런 동네 산 오르는 것이 아무 것도 아니었는데 지금은 너무 힘들단다. 아니 벌써 내 나이 82세가 되었다고 한숨을 내쉰다. 나도 한마디 했다. 장모님이 내일이면 92세 생일이신데 아직도 밭일을 하신다고. 어르신도 100세까지는 아직 멀었다고 하니 한숨 소리가 자 자진 듯하다. 바로 몇 년 후 내 이야기 아니 겠느냐. 이 어른 내려가신 후 곧바로 50대로 보이는 젊은이가 배낭 매고 곡괭이 자루 들고 나타난다. 어른신과 일행인가 했더니 아니다. 영이 송이 버섯 캐러 계룡에서 왔다고 한다. 나홀로 대간길에서 사람 마주치고 서로간 말 나누기가 그리 흔하지 않다. 오늘은 약초꾼을 두 사람이나 만나 주거니 받거니 이 이야기 저 이야기 나누었다.

황학산 가는 길에 산불 감시소가 나타난다. 문이 잠겨 있다. 잡목 가지가 무성해 능선 아래 조망을 가린다. 철계단에 올라서서 사위를 조망해본다. DSLR로 사위를 촬영하고 파노라마 편집용으로도 3~4컷 찍었다. 근데 피뢰침 시 설이 없어도 괜찮은 것인가. 잡풀 터널을 지나 황학산에 이르다. 정상에 올라서니 관목 울타리 숲으로 오롯이 감싸여 있다. 원형 나무 벤치가 멋지게 차려져 있는바 상주시의 백두대간에 대한 사랑과 대간꾼들에 대한 배려가 담긴 듯하다. 벤치에 올라서서 아이폰을 하늘 높이 올리고 360도 조망 동영상을 찍었다. 삼각점이 설치되어 있다.

지피에스 GPS eXplorist310과 Tritton2000를 동시 작동시켜 오고 있는데 eXplorist310은 Track log가 자꾸 톱니바퀴처럼 튄다. Tritton2000은 가끔 먹통이 되어 밧데리를 뺐다 꼈다를 해야 다시 작동이 된다. 두개의 지피에스를 동시에 작동시키는 이유다. 젠장 아웃도어 전문 장비가 정작 아웃도어에서 베스트 기능을 발휘하지 못하고 있으니. 한두 푼도 아니고 비싼 장비가 이래서는 안되는데. 미국 회사였던 마젤란이 망해 중국 회사에서 인수를 했다더니만 기술 진보는 거의 답보 상태인듯하다. 다른 브랜드로 바꿔 타야 하는 것인가. 투자한 돈이 꽤 되는데 브랜드간 호환이 안되기에 주춤거리게 된다. 그간 지피에스 덕택으로 대간길이나 산행길에서 알바를 줄이거나 피할 수 있어 좋았다.

내리막 길은 대단히 가파르고 암석 더미 길도 길게 이

어진다. 오늘 구간에는 흰 로프, 얇은 청색 비닐 줄들이 눈에 많이 띈다. 눈이 쌓여 길을 가린다 해도 대간길 따라 가는 길잡이 노릇을 할 것 같다. 낙엽길 잡석길을 걷다 보면 흙길 걷는 것 보다 무릎에 무리가 더 있는 듯하다. 아니나 다를까 황학산을 내려서 잡석길을 내려오며 어째 오른쪽 무릎팍 안쪽이 땡기기 시작한다. 노인성 관절염 증세일 수도 있겠으나 동네 뒷산 육산 능선 길을 걸을 때와 좀 다르다. 암릉길 구간에서는 출발 전 미리 무릎보호대를 착용하고 주행하면 좋을듯하다. 종이 지도를 펼치고 들여다 보니 오늘 날머리 갈령삼거리가 한참 남았다. 중간에 하산을 해야 하나 어쩌나. 골짜기에서 아낙네 음성이 들리고 남정네 목소리도 들린다. 이름 없는 재 기슭 같은데 가까이 다가서도 소리 나는 쪽으로 길은 보이지 않는다. 약초꾼들이 꽤 찾는 구간 같다. 밤송이나 도토리는 지나온 구간에 비해 그리 눈에 띄지는 않는 것 같다. 오른쪽 무릎 증세가 걷기 불편할 정도다. 배낭을 부리고 무릎보호대를 바지 위로 감았다. 잠시 걷다가 다시 배낭을 부리고 멘소래덤을 듬뿍 바르고 마사지를 한 후 맨살 위로 무릎 보호대를 감았다. 처음 몇 걸음은 괜찮은 것 같더니만 이내 다시 아파온다. 특히 내리막 길에서 통증이 더하다. 오르막 길은 좀 덜하다.

　　하여간 황학산에서 비재가는 길 초반은 낙엽이 덮힌 흙돌길이지만 지반은 암릉길이다. 구간 산허리를 감고 돌아 다음 능선을 넘어가는 고갯마루가 전설의 고향에 나옴직한 성황당 고갯길처럼 정취가 있어 보인다. 갓을 쓴 촌노라도 금새 나타날 듯하다. 머리 들고 올려다 보이는 봉우리가 가장 높은 봉우리였다 라고 생각하고 고갯마루에 올라서면 앞산 봉우리가 다시 올려다 보인다. 주변의 거친 잡풀 관목 더미 풍광 속에서 화사하게 피어 있는 가냘퍼 보이는 야생화가 돋보인다. 인공속에 사는 인간의 눈으로 보니 이 야생화가 가냘퍼 보이렸다. 한설풍랑속에서도 의연한 자태를 발하고 있는 야생화의 눈으로 볼 때 옆을 지나치는 인공 속에 길들여진 대간꾼들이 나약하게 느껴질 지도 모르겠다. 며칠 전 독감 예방 접종을 했듯이 우리는 이들보다 자연적 면역력이 약하다.

핸드폰 화면에 빗방울이 몇 점 떨어졌다. 장갑을 끼고 피부 노출이 없다보니 한두 방울 정도의 빗방울은 쉽게 감지가 안된다. 터널 숲이 지붕 역할을 하니 더욱 그렇다. 판초 우의는 항상 갖고 다니지만 아직 우의를 거칠 정도는 아니다. 이제 왼쪽 무릎까지 양쪽 무릎 관절이 모두 다 찌릿찌릿 하여온다. 여분의 무릎 보호대를 왼쪽 무릎에 마쳐하고 한걸음 한걸음 걷는다. 똥마려서 걷는 걸음 형세로 어그적 거리며 걷는다. 아무래도 비재에서 오늘 산행을 마감하여야 겠다. 갈령삼거리 까지는 도상 시간 2시간 20분에 택시 픽업 장소까지 하산 시간 20분 등 3시간 가까이 똥마려운 자세로 인상쓰면서 걸을 마음이 내키지 않는다. 거기다 빗방울까지 자자 진다. 아내가 전화로 성화다 빨리 하산하라고. 비재가 숲 틈새로 내려다 보인다. 49번 도로에서 빠져나온 지선 도로 평온 동관로 차도가 가로 지르고 있다. 나무 계단이 동물 통행로와 평행으로 비재를 넘어 형제봉으로 이어지고 있다. 영이 송이 버섯 무단 채취를 하지 말라는 펼침막이 걸려 있다. 차도 위를 건너 평온 통관로 방향 나무 계단을 내려서니 비재표지석이 비를 맞으며 서 있다. 다음 대간길 종주의 시작 지점으로 기억하면서 택시를 콜했다. 화령재까지 콜택시로 이동하여 오후 5시 57분 귀갓길에 올랐다. 이제 우산을 바쳐 들어야 할 정도의 비가 쏟아지기 시작한다.Ω

백두대간 지기재에서 화령재까지

2014년 9월 25일 목요일
지기재 : 경북 상주시 모서면 석산리
화령재 : 경북 상주시 화서면 상현리

묵상하라. 묵상하라. 끊임없이 묵상하라. 꼭두 새벽부터 부산을 떨며 마누라 잠 설치게 해놓고 아름다운 고행길을 나선다. 새벽 4시 30분에 집을 나서 광역버스 첫차로 서울역에 도착하였다. 6시 10분 부산행 ITX-새마을호를 타고 8시 53분에 김천역에 내렸다. 대합실 매점에서 자그마한 목캔디를 한통 샀다. 택시들이 승강장에 줄지어 대기중이다. 맨 앞차를 잡아 타고 지기개를 가자 하니 기사가 백두대간이죠 하고 묻는다. 올해 67세인 이 개인 택시 기사분은 백두대간 종주를 마치고 호남정맥 등 5개 정맥도 종주를 마쳤다고 한다. 부인과 함께. 산행 이력은 18년. 지금은 몸이 예전 같지 않아 산행이 뜸하다고 한다. 무릎 관절에서 물을 빼내는 레이저 수술을 받았다고 한다. 기사분은 운전 중 산행 동호인의 전화를 받는데 그 동호인이 이번 주말 함께 정맥을 타자고 제안을 하는 모양이다.

나도 장거리 산행을 처음 시작할 무렵 청계산 8~10시간 당일 종주를 마칠 즈음에 절뚝절뚝 기다시피 하며 하산 했던 기억이 난다. 하산 산행길에서 잠시 마주친 어느 젊은이가 이 모습을 보고 아무래도 퇴행성 관절염 초기 증상 같으니 병원에서 정밀 진단을 받으라고 권했다. 다행히 관절염 증세는 아직 없다는 진단을 받았다.

이 이후 나만의 주법을 고수해 오고 있다. 길표 외스틱을 버리고 브랜드 쌍스틱을 장만했다. 배낭무게를 과학적으로 분산시키는 고급 배낭으로 바꿨다. 제일 원칙은 만만디 주행이다. 장거리 산행을 함께 하자는 제안을 자주 받지만 선뜻 받아들이지 못하는 이유다. 무리 지어 산행을 할 경우 특히 하산길에서는 서로 경쟁하듯 사정없이 빠르게 내려간다. 다람쥐처럼 내리막을 닫는다. 앞사람 쫓아 내려가다 보면 다리가 후들거리고 발목이 접질려지기도 한다. 천천히 내려가자니 먼저 내려온 사람들에게 피해를 입히는 것 같고. 뭘 그럴리가 하겠지만 개중에는 늦게 내려온다고 핀잔을 주거나 구시렁대는 자들이 있기 마련이다. 그래서 민폐를 끼치지 않도록 하기 위해서라도 특별한 경우가 아니면 나홀로 산행이다.

백두대간을 완주한 현지인인 기사분이 지기재 위치가 정확히 기억나지 않는 모양이다. 건네준 등산지도를 보고도 감이 안잡히는지 가는 중에 차를 세우고 네 번을 물어본다. 내가 다 미안하네. 나같은 나홀로 대간꾼들의 택시 이용이 미미한 모양이다. 지기재 버스 정류장에 도착하였다. 정류장 지점이 바로 지기재의 들머리 날머리 지점이다. 포장 임도로 들어서서 잠시 걸으니 언덕 수풀 소로가 종주 리본을 메달고 대간꾼을 맞이 한다. 나무 이정표를 바라보고 주위 산천 경계를 둘러보고 있는데 포도 비닐 하우스를 손보고 있던 농부가 말을 걸어온다. 나도 한마디 건넸다. 외지인들이 농장 옆으로 지나쳐서 많이 성가시죠 하자. "어데요" 한다. 지방 사투리는 참 거시하다. "거시기"라는 말은 호남 사투리다. 거시기가 거시기해서 거시기하다. 호남 출신인 나도 도대체 뭔 말인지 모르겠다. 농부가 한 말 "어데요"도 외지인이 즉각 감잡기는 어려울 듯. 황금 들녘이 이어가고 있다. 이 구간 지기재부터 화령재까지 구간도 흙길 완만한 안부 능선 길이 잔물결 치듯 펼쳐진다. 어제 이 지역에는 많은 비가 왔다. 등로에는 밤 도토리가 방금 떨어졌다고 말하려는 듯 반짝 윤기를 내고 있다. 등로 옆에 물기를 머금고 서있는 잡목 가지 잎사귀들이 마루금을 지나가는 대간꾼의 얼굴을 어루 만진다. 등산화 발등에 빗물이 적셔진다. 대간꾼은 쌍스틱을 쥔 손을 눈높이로 들고 이들과 하이파이브 하듯 숲 터널을 뚫고 지나간다.

동네 아낙네들이 숲속에서 밤 도토리를 줍고 있다. 젊은 부부가 아기를 안은 채 간소복 차림으로 산책하듯 안부 능선 길을 걸어 오면서 인사를 건넨다. 대한민국 대간 종주꾼들의 종주 리본들이 다 모여 있는 듯 함께 도열을 하여 지나가는 대간꾼들에게 사열을 하고 있다. 이들 종주 리본들은 대간길 등대지기 역할을 하고 있는 것이다. 야생화도 밤새 비를 맞고 생기있는 자태를 뽐내고 있다. 등로에는 도토리가 대간길에 의전용 카펫처럼 떨어져 깔려 있다. 꽃잎 사뿐히 즈려밟고 가듯 대간꾼은 뽀도독 소리가 살며시 나도록 등로에 깔린 도토리들을 즈려밟고 걸어간다. 어린 주목 나무가 심겨져 있다. 살아 천년 죽어 천년 이라 했는데 이 어린 주목이 언제 커서 고고한 자태를 뽐내려나. 그런데 잡목 숲 더미 속에서 뭇 수종들의 시샘을 받는다면 주목의 기품을 살리며 제대로 자라기나 할까. 의연하게 크거라.

능선 아래 숲 사이로 별장이 보이고 귀에 익은 팝음악

소리가 들려온다. You're Sixteen 곡이다. 산 중이라 그
런지 다소 이채로운 기분을 느끼게 한다. 팝 음악 대신 단
소 소리가 들렸다면 어떤 기분이 들었을까. 농부의 별장
은 아닌듯. 저 별장 안에서는 어떤 사람들이 기거를 하는
가. 도를 닦는가. 명상을 하는가. 속세를 떠나 유유자적한
시간을 갖는 것일까. 경기도 깊은 오지 벽지에 손바닥만
한 땅이 한 필지 있는데 이 곳에 움박을 짓고 들어 앉아
면벽 묵상 정진하다 죽었으면 한다.

　신의터재에 내려섰다. 정자에 앉아 숨을 돌리며 오이
를 으깨어 씹었다. 오이 크기가 어른 팔뚝만 해서 한번에
헤치우기가 영 벅차다. 아래 대간길 다녀 와서 아내에게
산 중에서는 과일 보다는 오이가 더 나은 것 같다고 했더
니 고맙게도 신경을 써서 챙겨주었다. 그러나 저러나 우
리 마눌님은 언제 대간 종주 함께 하자고 할란가 안 할란
가 모르겠다. 대간길을 가다보면 많은 지역 영웅들의 이
야기를 접한다. 나라가 막지 못한 적병들을 지역민들과
함께 막아내고 야수 같은 적병들을 도륙을 하듯 무찌르다
장렬하게 생을 바친 지역 영웅들. 참으로 위대한 우리의
조상들이다. 이곳도 지역 영웅이야기가 소개되어 있다.

　객소리를 좀 하련다. 살아 있는 똥기계 역할하듯 국민
의 혈세나 빨아먹는 여의도 정치꾼들, 여고생 앞에서 변
태짓 하는 고위 공직자들, 거지 마냥 국민들에게 표 구걸
하여 당선되면 공약(公約)을 공약(空約)으로 만드는 새빨
간 거짓말쟁이 노릇 하는 권력자들, 국민 혈세로 군장성
만들어 놓았더니 여군 장교 엉덩이나 탐하는 쓰레기 군
인들, 소위 힘있고 잘난 자들이 이 나라를 지켜온 것이 아
니다. 시골 벽지 마을에서 농사를 짓고 있는 사람들, 도시

뒷골목에서 폐휴지를 줍고 있는 우리의 부모 세대들, 새벽부터 한밤 자정이 될 때까지 열심히 물건을 나르는 택배기사들, 밥먹을 시간 조차 부족한 노선 버스 기사들 바로 이들의 힘에 의해 이 나라 이 민족이 지탱해 왔고 앞으로도 그럴 것이다. 청문회장에 검증 받으러 나온 자들이 가끔 자기의 지나온 소회를 언급한다. 젊음을 받쳐 국가에 헌신 봉사 해왔단다. 온갖 혜택을 다 받아온 귀족 주제에 헌신 봉사라. 그 입 다물라. 우리 민족은 세습 문화를 숭상해 왔다. 부의 세습. 권력의 세습. 재벌의 세습. 종교직의 세습. 권위의 세습. 가문의 세습. 끼리 끼리 세습. 이 세습의 고리를 끊어버려야 새 역사가 움트리라.

신의터재 차도를 건너 다시 대간 마루금 숲길로 뛰어들었다. 완만한 부드러운 흙길 능선이 이어진다. 등로에는 산유화 알갱이 모양처럼 미끈한 타원형을 한 하수리 수종의 도토리가 널려있다. 식물 군락지 표지판이 군데군데 설치되어 있다. 철제 송전탑이 눈에 들어 온다. 장년 두 사람이 도토리와 밤을 줍다가 가까이 다가 서자 "등산 다녀오는교" 하고 인사를 한다. "아니요 지금 등산을 하는 중인데요." 나보고 밤나무가 어디에 있냐고 물어본다. 거참 현지인이 초행길 외지인에게 밤나무가 어디에 있는지 물으니 참 거시기 하네. 숲을 잠시 벗어나자 전망이 탁 트인 평지가 나타나고 길가에 감나무가 줄지어 서있다. 한 나무 가지에는 단감이 탐스럽게 열려 있다. 요걸 따서 배낭에 담아 말어. 후행자들도 많이 구경하기를 희망하며 그냥 지나쳤다.

오후 1시. 이정표 표지판 주변은 잡풀이 없고 지면도 평평하다. 점심상을 펼쳤다. 보온 밥통, 국물 텀블러통,

커피 텀블러통. 다들 보온 기능을 갖춘 통이건만 새벽 4시에 담아 8시간 정도 지나다 보니 온기만 약간 있을 뿐이다. 유독 뜨거운 음식을 좋아하여 무거운 보온통들을 사용하건만 신통치 않다. 소형 버너 갖고 다니고 싶지만 엄금 사항이니 그럴수도 없고. 보온 유지기능을 더 늘린 산행 기기들이 발전되기를 바란다.

식사를 마치고 호젓한 능선 길을 헤엄치듯 걸어간다. 음악 듣기를 좋아하지만 산행 중에는 산 중 식구들의 속삭임을 외면하는 꼴이 되기에 거의 안든는다. 헤드폰 없이 폰 자체 스피커로 내장되어 있는 MP3 한곡을 들으며 걸었다. 곡명 금잔디의 "내나이가 어때서" 리피트 하여 몇 번을 들었다. 뽕짝 노래에는 우리의 한(恨)이 배여 있다. 젊은 학창 시절 음악 감상실에 온종일 틀어 박혀 외국 음악에 심취한 적도 있었다. 고등학교 음악 선생님은 음악을 대할 때도 편식할 수 있다고 하면서 음악 장르를 불문하고 두루두루 들을 것을 강조하기도 했다. 나이가 들어갈 수록 뽕짝 노래가 더 귀에 와 닿는다.

대부분 산 정상은 오르막이 끝나고 시야가 탁 트여야 제맛이다. 열심히 숲 터널을 헤치고 지나가는데 표지판이 있기에 자세히 보니 무지개산을 알리는 표지판이다. 울창한 숲속 등로 능선에 표지판이 서있다. 잠시후에 나타나는 윤지미산도 그렇다. 무리 지어 지쳐서 정신없이 지나치다 보면 놓칠 수도 있으리라. 윤지미산 표지판을 지나자 가파른 내리막길이 까마득하게 내리 꽂혀 있다. 흰 밧줄이 길게 이어져 내리고 있다. 화령재로 이어지는 임도에 내려섰다. 잠시 임도를 걸어 내려오니 종주 리본을 매달은 숲터널 아우라가 대간꾼을 끌어 당기고 있다. 지도를 보니 화령재로 이어지는 임도와 마루금은 평행선을 그으며 나란히 가고 있다. 대간길은 숲 터널 속으로 대간꾼을 안내하고 있다. 고속도로 터널 위로 가로 지르는 마루금을 지나며 처음에는 갖고 있는 등산 지도에는 표시가 안되어 있기에 이 도로가 25번 도로려니 했다. 헌데 이 고속도로가 당진 영덕 고속도로다. 화서IC가 있고 얼마 못미쳐 속리산 휴게소, 화서휴게소가 연해 있다. 오늘의 도착점 화령재가 다가 선다. 비탈길 숲터 널 날머리를 헤치고 25번 도로변으로 내려 섰다.

화령재 표지석 앞에 섰다. 오늘 산행 기록 16.2km 6시간 53분이다. 다음 들머리는 간이 화장실 왼쪽 편으로 이어지는 등로부터 시작하면 될 것 같다. 다음 번 주행을 위해 화령터미널로 도착할 경우 이곳 까지 다시 와서 주행을 한다면 왕복 5~6km 1시간 남짓 합산하여야 할 듯. 샌달로 갈아 신고 장비를 모두 배낭에 꾸린 후 도보로 화령터미널까지 갔다. 25번 국도 청주 보은 화서IC방향으로 걸어서 수청 거리 삼거리를 직진한다. 이곳에도 나라를 지킨 지역 영웅들의 기념비가 세워져 있다. 대형 교회를 지나 마을 안길 도로를 걸어 화령터미널에 도착하였다. 화령재표지석에서 화령터미널까지 2~3km 30-40분 거리이다. 터미널 앞 분식점에서 라면 한 그릇을 게눈 감치듯 허겁지겁 먹고 찬물을 여섯 컵 정도 들이 마셨다. 배가 빵빵해 온다. 옆 좌석 여고생 4명이 수다를 떨면서도 뜨거운 라면을 게걸스럽게 먹는 어떤 등산복 차림의 할아버지를 힐끔 힐끔 쳐다 보는 눈치다. 젓가락을 놓으니 버스 출발 1분 전이다. 아따 바쁘다. 오후 5시 45분 발 보은 및 청주 경유 서울 남부터미널행 버스에 몸을 실었다.Ω

백두대간 큰재에서 지기재까지

2014년 9월 17일 수요일
큰재 : 경북 상주시 공성면 옥산리
지기재 : 경북 상주시 모서면 석산리

　따라 하라. 앞이 막혔느냐 옆을 보라. 옆이 막혔느냐 위를 보라. 위가 막혔느냐 하나님을 보라. 자정이 넘은 시간에 동네 사우나장의 온탕에 앉아 오늘 하루 여정을 잠시 반추해본다. 사우나장도 하루의 여독을 풀듯 청소를 말끔히 끝낸 상태다. 온탕 열탕 욕조의 물도 새로 갈아 놓았다. 새벽 1시를 넘긴 시각이라 그런지 손님이 없다. 이 큰 사우나장 안에 나홀로 벌거벗고 앉아 있다. 백두대간을 종주하는 이유가 무엇인가. 당일 백두대간 한 개 구간을 주행하는데 통상 20여 시간 10여만 원이 소요되는 것 같다. 어찌하여 이처럼 생돈 들여가며 생고생을 자청해서 할까. 누가 물으면 자신있게 그럴 듯한 대답을 할 수 있을 것인가. 내 스스로 자문해 보면 그냥 백두대간이고 다른 사람들이 다들 종주하기에 나도 종주한다라는 자답을 하게 된다. 무엇 때문에 종주를 한다는 것이 아니고 종주를 하니 무엇을 느끼게 된다. 이런 뜻은 아닌지 모르겠다. 그래서 오늘의 컨셉을 '따라 하라' 로 잡았다.

　새벽 4시 20분 집을 나서서 서울역행 광역버스 첫차로 서울역에 도착하였다. 6시 10분 부산행 ITX-새마을 열차를 타고 8시 51분에 김천역에 도착하였다. 역전 승차장에서 택시를 잡아타고 큰재를 가자고 하니 토박이 기사이면서도 처음 듣는 지명이란다. 지도를 보여 주었으나 감이 잘 안잡히는 듯 동료에게 전화를 하여 확인한다.

20분여를 달려 큰재에 도착하였다. 큰재 들머리는 상주시가 운영하는 백두대간 생태교육장 내부를 가로질러 주행하도록 되어있다. 기사와 오후 7시에 오늘의 날머리인 지기재에서 픽업하기로 약속을 하였다. 출발지점 Waypoint(좌표)를 찍기 위해 잠시 GPS 위성 수신 대기 중인데 생태교육장 관계자가 접근해와 방명록에 기록을 부탁한다. 어제는 3명이 서명을 했다.

백두대간 들머리를 들어설 때마다 항상 가슴이 벅차오름을 느낀다. 그 느낌의 강도는 강약 및 고저가 일정하지는 않지만 어쨌든 가슴에서 일렁거림을 느낀다. 완주시까지 이 느낌이 계속 될 것인가. 들머리 아우라가 두 팔 벌려 감싸 안 듯 나홀로 대간꾼을 맞이한다. 잔잔한 물결처럼 굽이 치는 등로가 시작된다. 흙길이다. 짙은 녹음으로 가득 찬 숲길은 자연을 발산하고 있다. 오늘도 마치는 시간까지 인간들과는 등로간에서 한 번도 마주치지 못했다. 완만히 오르는 능선 길이 이어진다. 등로 양 옆으로 잡목들의 잔 가지 잎사귀들이 어깨와 뺨을 스친다. 버프 마스크로 얼굴을 감쌌다. 장갑도 끼어야 할 상황인데 그러면 사진 찍을 때나 GPS를 확인할 때 불편할 것 같아 망사장갑을 그냥 호주머니에 넣었다.

회룡 목장이 왼편으로 나무 숲 틈으로 얼핏 조망된다. 이정표가 없다면 녹음이 우거진 계절에는 인지를 못하고 지나칠 것이다. 회룡 목장으로 진입하는 임도로 내려섰다. 건너편 등로에서 종주 리본이 마루금을 숲 터널로 안내하고 있다. 조금 가파른 등로를 올라서 지그재그로 물결치듯 숲 터널 등로가 이어진다. 쌍스틱을 쥔 채로 양손을 얼굴 높이로 들고 앞을 헤치며 걷는다. 좁은 등로에 커다란 고목이 쓰러져 길을 막고 있다. 이 고목 보다는 수령이 더 해 보이는 거목들이 많은데 이 고목은 어찌하여 벌써 생을 마감했을까. 어린 나무도 고목이 되어 등로를 가로질러 누워 있다. 다른 수종들은 왕성한 생명력을 발산하는데 왜 이들은 고목이 되었는고. 생존 경쟁에서 루저가 되어서 그런 것인가. 가해를 받아 고사(枯死)를 당한 것인가. 아니면 병충해로 그런 것인가. 아니면 어린 수종들의 생명력을 위해 자기를 희생한 것인가. 펠리칸 Pelican 새는 자기 배를 쪼아 내장을 까발려서 새끼들에게 먹이로 주고 죽어간다.

앞서간 대간 마루금 선행자들의 노고 덕분에 나 같은 후행자들은 대간 종주가 수월해지는 것 같다. 백두대간 종주 지도가 그렇고, 산행기가 그렇고, 대간길 종주 리본이 그렇다. 사실 눈썰미만 좀 있다면 지도 안보고도 잦은 알바 없이 주행을 할 수 있지 않을까 싶다. 알바의 경우 들머리에서 잠시 헷갈리는 경우, 지쳐 걷다가 잠시 한 눈 팔아 종주 리본을 놓치는 경우가 있을 수 있으니 지도와 나침판은 안 보더라도 꼭 배낭 속에 넣고 다녀야 할 것 같다. 실바Silva Type 7 NL 나침판을 사용 중이다. 요즈음은 스마트폰에 나침판이 내장되어 있다. 혹 2G폰 사용하시는 대간꾼은 나홀로 주행시 필히 지도 나침판 및 종주 리본을 유념하면 알바를 피하거나 줄일 수 있지 않을까 생각된다. 오늘도 한 번은 임도에 내려서 어리버리하며 걷다가 잠시 종주 리본을 놓치기도 했다.

야생화가 피어 있다. 항상 느끼는 것이지만 마루금에

서 마주치는 야생화들은 멀리서도 확연하게 눈에 잘 띤다. 잡풀이 우거지고 관목들이 빼곡한 속에서 야생화의 자태는 군계일학이다. 최근 산림청에서 '백두대간의 산림 생물다양성' 책자를 발간했다. 식물, 동물, 곤충, 버섯, 토양, 식생 등 6개 분야를 다루고 있는데 이 책자를 일독을 한 후 대간 마루금을 걷는다면 우리 강산을 더욱 잘 알 수 있고 더 재미 있는 종주가 되지 않을까 생각한다. 그런데 사진 속 야생화 이름은 아직 확인을 못했다. 상주시에서는 대표적인 야생 식물 소개 입간판을 백두대간 등로 중에 세워 놓았다. 간판 주변을 두리번거려보았다. 군락지라서 세워 놓은 것 같지는 않고 그냥 대표적 식물을 소개하고 있는 것 같다.

임도에 내려서니 재배 단지가 조망된다. 대간길은 다시 터널 숲속 등로로 이어지고 있다. 부드러운 흙길이 계속되어 머리와 어깨를 스치는 잔가지 잎사귀들의 성가심이 상쇄되는 느낌이다. 도시민의 경우 산을 찾지 않는다면 흙길을 걷는 기회가 그리 잦지는 않으리라. 백두대간 등산로라는 표지판을 이 구간에서 유독 많이 만나게 된다.

비탈진 숲 터널을 벗어나 옛 고개길로 내려선다. 비포장 임도에는 자동차나 경운기 바퀴로 파인 자국위로 잡풀들이 임도를 덮고 있다. 이곳에서 점심을 먹었다. 늘그막에 아내가 고생이다. 이른 새벽 보온통 밥통에다 국물 텀블러 커피 텀블러 오이 과일 등을 준비를 해준다. 보온통을 사용하다 보니 배낭 무게가 좀 된다. 24시 김밥 집에서 준비할 수도 있으련만 집밥만 고수를 해오고 있다. 과거보러 한양 길 떠나는 낭군 챙겨주듯 하니 그저 미안할

뿐이다. 막말로 백두대간 종주한다고 돈이 나오냐 밥이 나오냐, 가끔 내가 생각해 봐도 부질 없는 일 같기도 하다. 이런 잡 생각 떨쳐버리기 위해서라도 어서 백두대간 종주를 마쳐야겠다. 식사를 마치고 한 숨 청해본다. 어제 자정을 넘겨 잠자리에 들었으나 가면상태로 있다가 기상한 관계로 한 숨을 못잤다. 잠을 보충하려고 임도 위에 판 초츠우의를 펼치고 주변에 혹 뱀을 경계하여 가지고 다니는 백반을 뿌린 후 하늘을 보고 벌렁 드러누워 한 20분 잠을 청하려 하였다. 그러나 파리 모기가 같이 놀자고 자꾸 달라 붙는다. 5분도 안돼서 벌떡 일어나 배낭을 꾸리고 다시 등로로 올라섰다.

편안한 흙길 능선이 완만하게 굽이치며 이어지고 있다. 이 구간 등로에는 도토리가 널려 있다. 어느 구간은 젖먹이의 주먹만 한 밤도 널려 있다. 떨어진지 오래되어 탈색된 도토리가 더 많이 눈에 띤다. 밟히면 뽀도독 소리를 낸다. 비 온다는 예보가 있었으나 가끔 흐리다 구름 낀 맑은 날씨가 오후 내내 계속 되었다. 주행 중 우수수 우박 떨어지는 소리가 나는데 이는 도토리 밤 떨어지는 소리다. 나뭇가지 꺾기는 소리도 난다.

임도 위로 구름 다리가 이어진다. 여기는 대한민국 대간꾼들의 종주 리본이 다 모여 있다. 유럽 각지에서 스페인 산티아고까지 걸어서 또는 자전거 타고 순례를 완주하면 완주 증명서를 준다. 나도 몇 년 전 그곳 808km를 27일 동안 걷고 왔다. 증명서도 받았다. 백두대간 완주를 인증해주고 축하해주는 무슨 방법이 있을 법도 한데 생각이 잘 안 난다.

화려한 얼룩 카키 색의 뱀 한 마리가 등로 변 낙엽위

로 비켜 앉는다. 등로에 나와 있다 내 발걸음에 놀래 비킨 것 같다. 나도 순간 움칠했다. 잠시 서서 자태를 관찰했다. 움직거리다 내가 서니 저도 멈춘다. 내가 지나가면 다시 등로로 나와 앉을 요량인 것 같다. 그렇다면 이 녀석은 예의가 있는 녀석일세. 외지인이 지나가도록 길을 비켜선 셈이니. 일전에 한번 마을 뒷산에서도 뱀과 조우한 적이 있다. 사람 발길이 거의 없는 희미한 등로를 걷고 있었다. 비가 멎고 햇볕이 비치는 한낮이었다. 제법 덩치 나가는 뱀 한 녀석이 등로 중간에 또아리를 틀고 앉아 있었다. 일광욕을 하는 모양이었다. 내가 다가서도 거들떠 보지도 않는다. 헛기침을 몇번 해보아도 미동도 없다. 이 녀석이 일광욕하다 낮잠이 들었나. 할 수 없이 내가 등로 밖으로 비켜서 지나친 적이 있다. 몇 년 전 한남 정맥길을 걷다가 송아지만 한 개 두 마리가 뒤에서 나타나 내 앞에서 한참을 얼쩡대다가 사라진 경험이 있다. 어찌 놀랬던지 그 날 오후 내내 주행을 하면서 앞은 안 보고 혹시 이 들 개놈들 쫓아오지 않을까 염려되어 뒤만 돌아보고 주행을 했던 기억이 난다. 산을 내려와서야 그 두 마리의 목에 목줄이 있었던 것이 기억나 아 들개는 아니었구나 하고 생각했었다. 언젠가는 멧돼지와도 마주칠 것 같다.

　백학산 가는 길. 흙길이 이어지는 등로에 암릉길이 짧은 구간으로 나타난다. 급경사 주의 표지판이 있지만 가쁜 숨 내뿜으며 부드러운 흙길 안부 능선으로 올라선다. 봉우리가 셋인데 북진 마지막 봉우리가 백학산 정상이다. 오늘 구간에서 가장 높은 615m 백학산 정상이다. 동(東)향 저 아래 계곡으로 조망되는 곳이 내서면 백골 마을이렸다.

계단 길을 내려서고 터널 숲을 지나 임도에 내려서
다. 함박골로 이어지는 임도이다. 이정 표지판에는 지기
재 2.8km 1시간으로 되어 있는데 어째 이상하다. 시간
및 거리 계산을 임도 기준으로 한 듯하다. 주행을 마치고
GPS 괘적을 확인해 보니 백학산 정상에서 지기재까지
7km 2시간 40분 정도의 기록이다. 농장에 왔는지 타이
탄 차 한 대가 주차되어 있다.

임도를 버리고 다시 숲 터널 속으로 뛰어든다. 잠시
후 비탈진 암릉길이다. 계속 흙길을 걷다 암릉길을 만나
니 낯설어 뵈는 느낌이다. 그 만큼 이 구간은 흙길이 계속
되고 있다. 수확을 마친 비닐 하우스 농장 길을 걸어서 개
머리재에 다가선다. 포장도로를 가로지르는 동안 2대의
승용차가 지나가고 있으니 시골길 치고 차량 통행량이 꽤
있는 듯.

오늘 여정의 종착지가 점점 가까이 오고 있다. 그러나
대간길은 가파른 가풀막 길로 이어지고 있다. 상주시가
흔하게 설치해 놓은 경사도 30% 표지판의 수치보다는 가
파르게 느껴진다. 안부 길이 길게 이어진다. 중천에 떠 있
던 해는 일몰을 앞두고 있다. 오늘 주행 길에서는 산소를
10기(基) 이상 마주친 것 같다. 대간 마루금인지를 알고
고인들이 안장되어 있는 것인가. 어느 기는 묘봉 중앙선
과 대간 마루금이 일치되어 있다. 묘 병풍 둔덕 중간이 사
람들의 발길로 뻥 뚫려 있다. 마루금을 밟는 모든 이들이
발로 밟고 지나 간 것이다. 나도 옆으로 비켜 가지를 못하
고 그 뻥뚫린 곳을 밟고 지나왔다. 영 기분이 아닌 것 같
다.

가파른 내리막 길이 오늘의 마지막 여정을 마무리한

다. 오른 만큼 다시 내려가는 것이 세상 살아가는 이치임을 알려 주려는 듯하다. 오늘 지나쳐 온 농장도 그렇지만 지기재로 내려가는 길목에서 만난 포도 비닐 농장도 포도 가지가 정갈하게 다듬어 진 것을 보니 금년도 포도 작황이 괜찮을 듯하다. 도토리가 많이 열리면 흉년이란 말도 있던데 부지런한 농부들의 손길이 이런 옛 이야기를 무색케 만들고 있음을 본다.

지기재에 도착하여 샌달로 갈아 신고 쌍스틱을 줄여 배낭에 부착했다. 등로에 떨어진 도토리와 밤을 몇개 주어 담았는데 양이 꽤 된다. 산 중 짐승들의 일용할 양식을 취한 것 같아 좀 거시기 하다. 약속 시간에 맞춰 택시가 당도하였다. 40분 정도 달려 김천역에 도착하였다. 기사 분이 잠시 길을 헷갈려 김천오는 길을 약간 우회하였다. 김밥 집에서 라면 한 그릇 먹고도 시간이 좀 남아 서울행 열차표를 37분 앞당겨 8시 10분 새마을호로 바꿨다. 서울역에 10분 연착. 구간 구간 서행하는데 대부분 KTX가 지나가게 양보하느라 그런 것 같다. 철도공사 돈벌이가 등급 낮은 열차를 타는 사람들의 연착이라는 피해를 주고 있는 것이다. 승무원들이 인도열차 승무원처럼 무뚝뚝하다. 예쁜 얼굴에 미소를 띠우면 어디 덧나나. 집에 도착하니 자정이 넘었다. 아들이 야근을 마치고 퇴근하여 뒤따라 도착한다. 배낭을 부려 놓고 마을 골목길을 걸어서 동네 24시간 사우나 장을 향했다.Ω

백두대간 추풍령에서 큰재까지

2014년 9월 5일 금요일
추풍령 : 충북 영동군 추풍령면
큰재 : 경북 상주시 모동면

끝날 때까지 끝난게 아니다. 포기하지 마라. 4시 30분에 집을 나서 광역버스 첫차를 타고 서울역에 5시 26분에 도착하였다. 6시 10분발 부산행 ITX-새마을호(Intercity Train eXpress-Saemaeul)는 정시에 출발하였다. 명칭이 낯선 ITX-새마을호는 지난 5월에 기존 새마을호를 퇴출시키고 새로이 단장하여 운행을 시작했다. 그간 국민들에게 친근한 명칭을 갑자기 없애기 섭섭해서 2018년까지 새마을 명칭을 병기한다고 한다. 객차의 편의성은 기존 새마을 객차보다 좀 떨어진다. 그런데도 요금은 똑같다. 사실 KTX보다 기존 새마을호 열차를 더 선호하였는데 아쉽다. 명칭을 그대로 사용하면 어디 덧날 일이 있나.

도대체가 우리는 이름을 너무 쉽게 바꿔버리는 습성이 있다. 도로명도 하루 아침에 바꿔버리고 자기 이름도 재판을 해서 바꿔버린다. 명칭 앞에 '신(新)', '새' 라는 접두어 붙이기를 어지간히 좋아 한다. 신행정학개론, 신한국 등. 도서관에 수십 년간 서가에 꽂혀 있는 책 명칭도 신행정학, 출판된 지 얼마 안 된 서점 매대에 놓여 있는 책 이름도 신행정학이다.

8시 51분에 우리 열차는 김천역에 도착하였다. 김천

으로 오는 도중 대전역에서 승객 대부분이 내렸다. 서울에서 대전으로 출퇴근하는 사람들인 모양이다. 김천 역사 앞에 늘어선 택시들 중 한 대를 잡아타고 추풍령 표지석을 향했다. 20분 정도를 달렸다. 택시 기사분과 큰재에서 6시 30분에 픽업 하기로 약속을 하고 하차하였다. 9시 18분 추풍령 표지석 앞에서 지피에스GPS 앱으로 트랙Track 시작 점을 찍었다. 날씨는 햇볕이 내리쬐는 화창한 날씨다. 한낮에는 무척 더울듯하다. 차도를 건너 표지석 맞은편에 위치한 등산안내도를 들여다보니 오늘 날머리 큰재까지는 표기가 안 되어 있다. 등산 지도에는 18.5km 보통 걸음으로 8시간 38분 소요되는 것으로 안내하고 있다.

포장 농로를 따라 올라가니 포도 재배 비닐하우스가 나온다. 들머리를 찾으려다 비닐하우스를 한 바퀴 돌았으나 안 보여 할 수 없어 동네 주민에게 물어보았다. 마당에서 일하던 여인이 포장도로 따라가면 언덕 기슭에 계단을 만들어 놓았다고 알려준다. 포장도로가 투명벽으로 차도 및 농로로 나뉜 채 나란히 있다. 비닐하우스에서 일하고 있는 여인에게 들머리를 다시 한번 더 물었다. 소위 대간꾼이 갈 길을 묻는다는 것이 좀 거시기해서 갈 길에 대해 웬만하면 안 물어보는데 오늘 좀 거시기했다. 초장부터 영 거시기하다. 대목 싸게 백두대간 지도가 내장되어 있는 지피에스GPS를 수리맡겼더니 이리 불편할 줄이야. 대간길이나 산행길을 주행하다 숱한 알바를 하였기에 장만한 지피에스GPS인데 하필 이때 수리를 보내 이런 상황을 겪으니 난감하다. 오늘 주행하다 알바할까 은근히 걱정된다. 방금 여인에게 물어본 이후 오늘 주행을 마치고 택시에 오를 때까지 대간길에서 사람을 한 명도 보질 못했다. 들머리에 풀들이 무성히 자라 길이 지워져 있다. 계단에도 잡풀들이 사람 어깨 높이까지 자라서 통로가 눈에 잘 들어오질 않는다. 요 며칠간은 대간꾼들의 통행이 뜸했던 것 같다.

계단길 벗어나니 가파른 등로가 오랜만에 찾은 대간꾼을 반긴다. 오늘 주행에 앞서 미리 숨을 고르라는 듯 꽤 가파르게 이어지고 있다. 사기점 고개 4.0km를 안내하는 이정표가 나타나고 조금 위쪽으로는 추락 주의를 경고하는 안내판과 두꺼운 밧줄로 둘러쳐져 있다. 조금 뒤 알았지만 여기가 채석장이다. 밧줄을 따라 이어지는 길은 작은 암반석들이 계속되는 내리막 길이라서 몸을 움크리고 조심조심 발을 내딛어야 한다. 그런데 이 방향이 대간길 맞는 건가. 오른쪽 뒤편 숲 사이로 추풍령 마을이 보인다. 나침판을 확인하니 동서 방향을 가르키다 동남 방향을 가르킨다. 북향이어야 되는데 동남쪽이다. 아무래도 이상해 다시 몸을 돌려 되돌아 온 암반석 길을 올라 이정표 있는 곳까지 다시 왔다. 혹시 밧줄이 길을 유도하는 것은 아닌지 밧줄을 잡고 두리번 거렸으나 터진 통로가 안 보인다. 해서 밧줄을 넘어서니 눈앞으로 낭떠러지가 내려보인다. 순간 아찔하였다. 채석장이다. 좋은 암석 다 파먹고 앙상한 뼈만 남겨놓은 듯하다. 그 채석장 사장은 살림살이가 많이 좋아졌을까. 그래 방금 가던 길이 대간길 맞는 모양이다. 그런데 나침판은 동남 방향으로 기울고 있다. 표지 리본들이 눈에 띄지만 나침판이 가르키는 방향으로 인해 잠시 주춤거린 것 같다. 진득하게 가던 방향으로 주행을 계속하였다. 양옆으로 잡풀들이 우거져 두손과 쌍스틱으로 양옆 잡풀 더미를 헤치며 걸었다. 흙길 안부가 이어지고 양옆이 숲 사이로 내려다 보인다. 왼쪽 아래로 물이 가득찬 보가 보이는 데 저곳이 지도에 표시된 추풍령 저수지 같다. 잠시 휴식을 취하며 지도를 살펴보니 지나온 시간과 등로를 가늠해보니 추풍령 저수지가 맞다. 등산 지도를 정치하고 보니 마루금이 남쪽으로 휘어졌다가 다시 북을 향하고 있다. 나무 의자가 운치 있게 자리하고 있다.

양지 바른 곳 에 사자(死者)의 유택이 있다. 말끔하게 벌초를 한 모습이다. 대간길을 주행하면서 묘소를 많이 접한다. 개인 소유지 땅에 묘를 썼을 수도 있겠으나 사람이 접근하려면 1~2시간 넘게 걸리는 이 깊은 산 중에 모신 것이 고인의 뜻일까 후손들의 뜻일까. 백두대간 정기를 받아 후손 번창하기를 빌기 위해 이곳에 유하는 것인가. 나 역시 부모님을 시골 고향 마을 선산에 모셨지만 도시에 살다보니 먹고 살기 바쁘다는 이유로 1년에 고작 두세 번 정도 성묘갈 뿐이니 자식된 도리를 제대로 하는 것인지 모르겠다. 그러면서도 산소 앞에 서면 우리 잘 되게 보살펴 주세요 하고 빈다. 아이들이 따라주었으면 좋겠지만 나는 사후 회장하여 그냥 우리나라 산하 아무 데나 뿌려졌으면 좋겠다.

올해는 도토리 풍년이다. 요즘 큰 산에 오르면 등로에 대추들이 널려 있다. 일전에 북한산 영봉코스를 오르다 잠시 멈추고 등로에 떨어진 도토리를 주웠는데 금시 호주머니에 꽉 차버렸다. 큰재로 가는 대간길에는 그 보다 더 도토리들이 수북이 쌓여있다. 사람 귀를 놀라게 하며 우두둑하고 잎사귀에 우박 떨어지는 소리가 자주 들리는데 도토리가 떨어지며 내는 소리들이다. 갖은 버섯들도 화려한 색상을 뽐내고 있다. 짐승들의 배변도 자주 눈에 띤다. 멧돼지 배변 같기도 하다. 사람의 손길은 아니듯한데 등로 양옆이 파헤쳐져 있는 모습들이 자주 눈에 띤다.

좀 이른 시간이지만 점심을 하기 위해 자리를 잡았다. 호젓한 안부 능선 길을 독차지 하고 밥상을 받는 기분이 든다. 밤잠을 설치고 새벽밥을 먹고 먼 거리 이동하여 이 자리까지 와서 밥상을 준비했다. 이곳이 전생에 예정되어진 곳은 아니었을까. 고시레를 한 후 맛있게 먹었다. 가끔 산 중 취식할 때 고시레를 잊는 경우도 있다. 장거리 산행 시 도시락을 챙기는 것은 참 신경쓰는 일이다. 김밥집에서 준비할 있지만 몇 시간 동안 배낭에 넣고 주행하다 보면 뭉게져 버려 입안에 집어 넣는 것이 도시 내키지가 않는다. 그래서 집에서 도시락통 국통 온수통을 직접 준비해 간다. 아내에게 미안하고 고마울 뿐이다. 다들 보온 기능이 있는 쇠통 들이다 보니 배낭 무게를 다 차지한다. 가볍게 꾸리고자 하나 보통 배낭 무게만 8kg 정도다. 통상 몸무게의 10~15%선을 권장하고 있다.

아내는 언제 한번 대간길을 함께 동행하기를 희망하고 있지만 좀 거시기하다. 몇 해 전 치악산을 가서 산 아래 기슭에서만 둘러보고 오려다 우연찮게 정상까지 올라 돌탑을 돌고 사방을 조망하며 즐거운 시간을 보낸 후 하산 길이 어두워져 헤드라이트을 하고 내려온 적이 있다. 그믐 무렵이었던지 사방이 한 치 앞을 내다 볼 수 없도록 칠흑같다. 겁이 많은 아내는 내 손을 힘주어 꼭 잡고 승용차 있는 곳에 다 내려설 때까지 놓지를 안 했다. 그때 아내의 산행 모습을 보고 내가 다 놀랐던 기억이 난다. 치악산 오르는 길이 산행에 익숙치 않은 사람들에게는 만만치 않은 산이지 않은가. 오죽했으면 우스개 말로 치가 떨리고 악이 받친다고 했겠는가. 식사를 마치고 숲 터널을 이룬 내리막길로 접어든다. 안부 능선 길이 숲 터널 밑으로 길게 이어진다. 왼쪽 아래 숲 사이로 추풍령 저수지가 확연히 조망된다. 넓은 안부를 통해 임도가 구비치며 이어지고 있다. 임도를 벗어나 숲 길 오르막을 오른다. 고갯마루를 넘어서니 포장도로가 나타난다. 이 도로는 제9131부대 전술 도로라고 안내판이 말하고 있다. 포장도로 건너편에 종주 리본이 다시 숲길 등로로 올라서라고 손짓하고 있다. 등로로 올라서서 구릉을 넘어가리라 예상했는데 웬걸 D자형 소로다. 다시 포장도로에 내려섰다. 선행자들이 개척한 대간길 마루금이려니 했다. 쌍스틱을 배낭에 걸치고 빈손 차림으로 터벅터벅 전술 도로를 걸어 내려갔다. 내려가며 혹 종주 리본들이 숲속으로 안내하지 않을까 해서 도로변을 좌로 우로 살피며 걸었다. 농경지도 눈에 띠지 않는 바 일반인의 통행은 거의 없을듯하다. 도로 붕괴 위험 경고문을 세웠다. 전술 도로라고 동네방네 소문내면서 도로 관리는 그저 그렇다. 빨리 서둘러 보수를 해야지 경고판 내거는 것이 대수냐. 군인들이 굼뜨구먼. 혹 제9131부대장은 유념 좀 하시기 바라는 바이다. 요즈음 군기 빠진 사례들이 하루가 멀다 하고 그 잘난 언론들 주둥이에서 봇물처럼 쏟아지고 있다. 애국 정신이 충만한 군인들에게는 좀 미안한 이야기지만 군 본연의 임무보다는 엉뚱하게 세상사에 너무 기웃거리는 것 같다. 요란한 경고판 앞에서 뒤돌아 산 정상을 보니 중계탑이 보인다. 지도에는 난함산 통신 시설로 표기되어 있다. 군 시설이 아니라 민간 시설이라는 이야기인가.

도로를 따라 내려오니 숲이었을 듯한 구릉을 파헤쳐 밀어 제치고 평지 작업인지 택지 조성 작업인지를 하고 있다. 작업하던 불도져가 서 있다. 도로변 언덕으로 종주 리본이 안내한다. 길이 보이지 않아 잠시 이리 저리 주춤거리다 잡풀로 가려진 길을 따라 허리춤까지 자란 잡풀을 제키며 걸었다. 다시 잡목 더미로 들어서니 허리를 깊이 숙여 지나야 할 정도로 터널을 이루고 있다. 잡목 터널을 벗어나니 농구장보다 더 넓어 보이는 양지 바른 공간에 묘 몇 기가 자리하고 있다. 다시 안부 능선 길이 이어진다. 숲 능선이 지나자 하늘이 시원스레 저 멀리 전방까지 조망된다. 얼추 보건데 오늘 주행 막바지인 용문산 국수봉 자락인 듯하다. 울타리가 나타나고 배수로가 흙으로 가득 차 있다. 수로가 지나갈 지형은 아닌 것 같은데 인공 배수로에 흙이 가득 메꿔져 있다.

작점 고개에 다다르다. 차량 흐름이 영 한가하다. 작점 고개라는 이름은 백두대간 종주팀들이 명명했다고 한다. 이 고개는 경북 김천과 충북 영동의 경계. 충북 사람들이 고개 너머 경상도 땅에 여덟 마지기 전답에 농사를 지었기 때문에 여덟 마지기 고개라 하는 사람도 있고, 능치 마을에서는 고갯마루에 성황당이 있었다고 하여 성황데이 고개라 칭하는 사람도 있다고 한다. 고개 쉼터는 사람들의 보살핌을 받는 듯 정갈하게 단장되어 있고 돌 벤치 등 피곤한 엉덩이를 붙일 곳이 군데 군데 있다. 기념 사진만 몇 컷 찍은 후 곧바로 용문산 방향 돌계단으로 올라섰다. 현재 지점까지 이동 거리 9.5km 소요 시간 4시간 28분이다. 오늘 주행해야 할 거리의 반에 못 미치고 있다. 부지런히 서둘러야 일몰 전 큰재에 내려설 것 같다.

나무 숲 안부 능선 길이 이어진다. 짧게 오르고 내리는 구간이 반복된다. 산을 타는 재미 중 오르고 내리는 재미가 평지를 걸어가는 재미와는 또 다르다. 어느 정도 장시간 걸을 경우 평지가 산지보다는 더 주행자를 지치게 하는 것 같다. 중간 중간 휴식을 취하는 경우 평지는 대개 엉덩이를 붙이고 휴식을 취하지만 산길에서는 발걸음 멈추고 배낭을 멘 채로 등로에 서서 휴식을 취하는 경우가 많다. 경험 많은 산행자들은 걸으면서 또는 긴 계단길을 오르내리는 중에 휴식을 취한다는데(Stair Rest) 가끔 경험을 해본다. 평지를 걸을 때 20km 정도는 멈추지 않고 계속 주행을 하지만 오늘 산행에선 접의자를 다섯 번씩이나 펼치고 너부러지듯 휴식을 취했다. 종주 리본이 무리져 걸려 있는 나무 아래에다 접의자를 펴고 앉았다. 가쁜 숨 내뱉으며 앞을 보니 카페URL과 함께 무좌골산이라 인쇄된 표지가 보이길래 무심결 무좌골산이 카페 명칭인 줄 알았다. 여기가 무좌골산이다. 삼각점 표지석도 보인다. 등산 지도에는 표시가 안 되어 있다.

용문산 가는 길은 오르막 내리막 연속이다. 오르막길을 오른 후 다시 내리막길을 만나면 아이고 다시 오르막길이 이어지겠지 하는 생각을 한다. 오르막길은 숨이 차고 오르다 멈추다를 반복한다. 반면 내리막길은 스틱에 의지해 짧은 보폭으로 내려서면 무릎은 신경쓰이나 숨은 가쁘지 않기에 오르막을 더 힘들어 한다. 큰재까지 짧게 그리고 길게 오르막길과 내리막길이 거의 같은 횟수로 반복이 된다. 지루한 반복이다 보니 내리막길을 만나면 오르막길을 대비하고 내리막길을 만나면 오르막길을 대비하는 그런 주행을 이어나간다. 등로 주변에 야생화 무리가 눈에 띤다. 아마 저 야생화 이름이 며느리 밥풀때기 꽃이지. 며칠전 후배들과 북한산 주행시 눈에 띠어 한 후배가 알려줬던 야생화 바로 그 꽃이다. 꽃며느리밥풀꽃이라 불리기도 하는 모양이다. 꽃이름과 관련한 애절한 전설이 있다. 옛날 어느 산골 마을에 젊은 부부가 어머니를 모시고 가난하게 살고 있었다. 며느리는 효성이 지극하였지만 시어머니는 며느리가 늘 못마땅하였다. 그러던 어느 날 시아버지의 제삿날이 되었다. 가난하더라도 제사상에는 쌀밥을 올려야겠기에 며느리는 그 동안 아껴두었던 쌀로 밥을 짓기 시작했다. 밥이 거의 다 되어 가자 며느리는 밥이 익었나 보려고 솥뚜껑을 열어 밥알 두 개를 막 입에 넣으려 할 때였다. 밖에서 솥뚜껑 열리는 소리를 듣고 부엌으로 달려온 시어머니는 어른이 잡수기도 전에 먼저 먹다니 하시며 몽둥이로 사정없이 며느리를 때렸다. 며느리는 그만 밥알 두 개를 입에 문 채 세상을 떠나고 말았다. 그리고 세월 흘러 어느 여름날 빠알간 입술에 밥풀 두 개를 입에 문 꽃이 며느리 무덤 위에 돋아 났다. 그 꽃이 바로 꽃며느리밥풀이란 이름의 꽃이라고 한다. 등로 구릉에 무엇인가를 검은 망사천으로 덮어 놓았다.

용문산에 이르다. 헬기포트가 자리 잡고 있다. 이 포트 전후 주행 등로가 숨이 가쁜 구간이기에 혹 슬픈 사건을 계기로 이곳에 포트가 생긴건 아닌지. 국수봉까지 2.3km 이정표가 숲 사이로 버티고 서서 지쳐 지나가는 대간꾼 등에 대고 힘내라며 배웅한다. 등산화 발등에 물기가 맺혀있기에 햇볕 나는 하늘에서 빗방울이 떨어지나 했는데 아니 땀을 비 오듯 턱 주걱으로 흘러내려 등산화를 적시고 있다. 물통 두 개를 비우고 이제 남은 물 한 통도 절반으로 줄고 있고 식은 커피물이 약간 남아 있다. 오이 한 개가 아직 배낭 안에 있으니 갈증 해소거리가 별로 안 남은 셈이다. 세 시간 정도 더 주행을 해야하는데 괜찮을까.

정글 터널 내리막길이 끝나면서 긴 계단길이 이어지고 있다. 상주시에서 가파른 내리막이 시작하는 곳에 입간판을 세웠다. 급경사 주의 30도. 국수봉까지의 오르막길 내리막길의 반복 구간은 용문산 구간보다 길다. 안부 능선으로 내려서니 용문산 기도원으로 내려서는 이정표가 서 있다. 국수봉을 넘어설 때까지 기도원 방향에서 사람 외침 소리가 들려온다. 온 산에다 대고 무슨 울부짖음을 저리 지를까. 육성 같기도 하고 스피커를 통해 들려오는 소리 같기도 하다. 호젓한 안부 능선 길이 이어진다. 지나온 구간에 비해 이정표가 여러 번 보인다. 대간길임을 감안 대간꾼을 배려한 이정표라기보다는 현지인을 더 배려한 듯하다. 하기사 대간꾼이 현지 이정표에 의지하기 보다는 종주 리본에 의해 안내를 받기에 그런 배려를 기대하는 것은 사치일 법도 하다. 사람 발길이 오래인 듯 무릎 길이의 잡풀들이 사람 발길에 밟히지 않은 듯 등로를 뒤덮고 있다. 등로 식별이 덜 된다.

드디어 오늘 주행 마루금의 가장 높은 곳 고도 798m의 국수봉에 당도하였다. 사방 팔방이 조망된다. 중천에서 떨어지는 해는 일몰을 준비하고 있다. 이마에서 흐르는 땀 폭포가 눈을 따갑게 하기 전 제때 제때 닦아 주어야 한다. 스마트폰이 많은 기능을 발휘하기에 옛날에 비해 종주시 휴대하는 기기가 많이 사라졌다. 지리산 종주시 소니 캠코드를 목에 걸고도 다녔다. 음악 듣기 좋아해 MP3 플레이어를 지니고 다녔다. 디카사진기나 특별한 경우는 큼지막한 DSLR사진기를 지닌 적도 있다. 스마트폰 두세 배 크기의 GPS도 지녔다. 스마트폰 앱이 아직은 GPS기능 중 일부를 대신하고 있지만 멀지 않아 대부분 대체하리라 짐작된다. 동영상 촬영, 파노라마사진 촬영, Track Log기록, 필요시 녹음, 타이머 셀카 등을 한 스마트폰으로 다 해결하니 대단한 IT 발전이다.

　해 떨어지는 모습을 보니 마음이 조급해 진다. 일몰전 무탈하게 큰재에 내려서야 하는데. 스마트폰이 안 터져서 문자로 기사분에게 차량 스탠바이 시간을 7시에서 7시 30분으로 늦추도록 문자를 날렸다. 캐치콜 통화 불가 메세지가 뜨고 얼추 30~40분 지난 후에전화가 연결되었다. 국수봉 내리막 초입에 상주시에서 세운 급경사 간판이 서 있다. 급경사 주의 30%. 30%는 기울기가 30도라는 이야기인가. 주행해 오는 중 큰재에 내려설때까지 이런 간판을 꽤 많이 보인다.

　내리막길이 연속된다. 펑퍼짐한 안부 능선들을 지나치며 숲사이로 논밭과 비닐 하우스 농축사 건물들이 내려다보인다. 편안한 안부 능선 길들이 계속 반복되어지고 있다. 다소 지루하다는 느낌을 받는다. 해가 곧 모습을 감출 태세다. 스마트폰을 열고 등산지도를 살펴보니 아무래도 7시를 훨씬 넘겨 큰재에 다다를 것 같다. 삼각점표석들이 있지만 아무 표지가 없어 표석 지점에서 GPS를 찍어봐야 정확한 위치가 확인 될 것 같다. 해는 이미 멀리 보이는 산 아래로 내려섰다. 헤드라이트를 꺼내 머리에 둘렀다. 여명이 감도는 포장 농로가 있건만 종주 리본은 어두운 숲속으로 안내하고 있다. 밤을 준비하는 작은 산짐승들이 헤드라이트 불빛에 놀란 듯 화살처럼 달려 숲속으로 숨어 버린다. 어두운 숲속 밖 틈새로 도로를 달리는 차량 불빛이 저 멀리 보인다. 오늘의 종착지 큰재에 내려섰다. 표지판이 소박하게 서 있다. 차도 옆에 백두대간 숲 생태원이 어둠 속에 움크리고 앉아 있다.

생태원 앞에서 백두대간 안내판을 바라보고 있는데 택시가 언덕을 올라서 나를 발견했는지 비상등을 켜고 접근하고 있다. 사전에 생수 한 병 부탁했는데 기사분이 건네준다. 한 번에 다 마셔버렸다. 30분 정도를 달려 김천역에 도착하였다. 역전 김밥 집에서 라면 한 그릇 시켜 국물 한 방울 안 남기고 다 먹었다. 물병에 찬 물을 한 병 채웠다. 대합실 매점에서 음료수 한 캔을 사서 단숨에 드리켰다. 부산발 서울행 8시 47분 ITX-새마을호가 정시에 도착하였다. 열차 객실에 앉자 마자 물병을 금세 비웠다. 열차 안 자판기에서 음료수 한 병 생수 두 통을 사서 금세 다 마셔버렸다. 우리 열차는 서울역에 정시 도착하였다. 광역버스를 타고 집에 도착하니 1시 24분이다. 오늘 집을 나서 20시간여 만에 다시 귀가 하였다. 경비는 10만원 정도 지출되었다. 전주로 며칠간 출장갔던 아들은 지금 올라오고 있단다. Ω

백두대간 궤방령에서 추풍령까지

일시 : 2013년 4월 19일 금요일
궤방령 : 충북 영동군 매곡면
추풍령 : 충북 영동군 추풍령면

포기하지 말자. 포기하지 말자. 절대로 포기하지 말자. 9시 27분에 궤방령 북진 들머리에 섰다. 궤방령은 충청북도 영동군 매곡면 어촌리에서 경북 김천시 대항면 향천리로 넘어가는 고개이다. 한국지명총람에는 괘방령(掛榜嶺)이 기록되어 있고 지명 유래에 대하여 옛날에 관원들과 과거 보러 다니던 선비들이 추풍령은 이름이 좋지 않다 하여 꺼리고 궤방령을 넘으면 급제한다 하여 이 고개를 즐겨 넘어 다녔다는 전설이 실려 있다. 2010년 6월 5일 정지된 북진을 오늘부터 다시 이어가려고 한다. 백수과로사(過勞死)라는 말이 있다지만 월급쟁이 시절보다는 아무래도 더 시간내기가 쉬울 것 같다. 4시 12분에 집을 나서 서울역에서 부산행 새마을호 첫 기차를 타고 김천역에 내려서 택시로 궤방령까지 이동하였다. 택시 기사분이 73세 인데 백두대간을 완주했다고 한다. 30년간 버스를 하고 지금은 택시를 한단다. 버스를 할 때 한 달 중 20일간 근무하고 10일간 쉴 때 6명이 차 두 대로 함께 다녔다고 한다.

백두대간 종주 리본이 손님을 맞듯 도열해 있는 등로를 오른다. 백두대간의 선주자들에게 항상 감사한 마음을 갖는다. 그간 나홀로 주행이기에 가끔 대간 마루금을 벗어나 알바를 하여 몇 번씩 다시 되돌아 온 경우가 있다. 종주 리본이 달려 있음에도 눈에 보이지 않은 경우도 있었다. 독도법도 서툴고 그렇다고 그 많은 지도를 매번 갖고 다니기도 그렇고 주행하면서 지도를 자주 들여다보는 것도 사실상 번거로운 일이다. 초행시절 되돌아가지 않고 오기로 주행을 하다 완전히 (삼천포에 사시는 분들에게 죄송합니다만) 삼천포로 빠져서 인적 없는 곳에서 탈출을 하느라 애를 먹은 적도 있다. 지피에스GPS를 휴대하고 마루금 트랙을 켜놓고 주행을 해오고 있다. 그래도 매 번 한두 번씩 알바를 한다. 사실 종주 리본만 눈여겨 보며 주행을 해도 알바를 크게 줄일 수 있을 것이다. 주행로를 잘못 들어서면 올바른 판단을 빨리 내려야 할 것이다.

능선 소로길을 타고 부는 바람이 제법 차게 느껴진다. 호젓한 등로에서 새봄을 맞이하는 생명력을 느낀다. 나무 가지에서 이제 새싹들이 움트고 있다. 무명봉에 다가서서 잠시 숨을 고르고 골짜기 따라 펼쳐진 논밭과 농가들이 조망된다. 오늘의 주행 리듬은 배가 잔잔한 파도를 타듯 짧게 오르고 내리고 길게 오르고 내리기를 반복한다. 잠시 알바를 하다. 100m 여를 되돌아 왔다. 가성산이 다 가선다. 뒤돌아보니 무명산 뒤편으로 웅장한 황악산이 넓은 어깨 벌리며 바라보고 있다. 아아 그래 내가 지난번 저 산을 지나왔지. 대견스러움이 느껴진다. 그래 한 발 한 발의 힘이 이렇게 클진대 무엇 엔들 못 오르고 무엇인들 성취 못 할 것이 있겠는가.

11시 48분에 가성산(710m) 정상에 도착하다. 지평선 밧데리가 36%를 가르키고 있다. 지평선은 스마트폰에 붙인 이름이다. 예상 속도로 주행을 하는 것 같다. 이대로

라면 3시를 좀 넘어서 추풍령에 도착할 것 같다. 아래쪽으로 비켜 앉아 식사를 하다. 부산에서 왔다는 부자가 인사를 건네며 지나친다. 오늘 대간길에서 유일하게 마주친 사람들이다. 우두령에서 추풍령까지 주행 중이란 다. 아들은 특전사 군입대를 앞두고 있단 다. 남북한간 틀어진 관계가 빨리 좋아져야 할 텐데 걱정이다. 미국에서도 재앙이 발생하고 있다고 하니 이래 저래 불안하다. 그래 한국 남자라면 군대를 갔다 와야 할 말이 있다. 한국 남자들은 말이 없고 무뚝뚝하다지만 군대 이야기만 나오면 그게 아니다. 한국 남자들 군대 이야기만 나오면 참 할 말 많다. 아마 늙어 죽을 때까지 똑같은 이야기 두고두고 하는 이야기가 아마 군대 이야기일 것이다.

12시 22분에 가성산을 출발한다. 뚝 떨어지는 비탈길이다. 잘 살펴야지 초행자는 길을 자칫 헷갈리게 할 것 같다. 관목 숲길을 뚫고 내려서 다시 편한 안부길이다. 장군봉에 올라섰다. 아크릴 표지판을 나무 줄기에 동여 매어 놓았다. 이 표지판이 없으면 장군봉 인지(認知)를 못하고 지나칠 것 같다. 등로에는 낙엽이 눈처럼 쌓여있다. 쌓인 낙엽으로 인해 길이 보이지 않는다. 발목 깊이 빠진다. 물 500L 한 병을 다 마셨다. 물을 너무 적게 마시는 것은 아닌지. 다시 물 500L 새것 한 병을 꺼냈다.

1시 59분에 눌의산(743.3m)에 도착하였다. 주변에 헬기장이 있고 참호를 만들려다 만 듯 파 헤쳐진 구덩이가 흉물스럽다. 아래 발치로 경부고속도로가 지나가고 추풍령 풍광이 한 눈에 들어온다. 자연과 인공이 어우러져 있다. 바로 한 걸음에 닿을 듯한 거리가 도상 1시간 20분 거리로 표시되어 있다. 정상을 내려서니 가풀막(가파르게 비탈진 곳)이 이어진다. 겨울철 눈길에는 오르내리기가 힘든 등로다. 안전 산행을 염원하며 설치한 긴 밧줄이 걸린 직벽 가까운 가풀막을 내려서니 완만하고 편한 등로가 길게 이어진다. 마을 어귀까지 내려서니 등산로 안내도가 서 있다. 안내도 이정표는 추풍령 마을 진입 안내를 대간 종주 리본과 달리 정반대 방향으로 안내하고 있다. 종주 리본이 안내 하는 방향으로 틀어서 내려오니 정갈하게 단장한 묘지를 지나고 과수원 길을 따라 내려오니 경부고속도로 지하 통로로 연결된다. 추풍령 노래비를 찾느라 좀 시간을 허비했다. 허리가 야간 굽은 할머니 한 분에게 추풍령비 있는 곳을 묻자 잘 못 알아 듣고 엉뚱한 곳을 가르켜 20여 분을 헛걸음했다. 시골 사람들 하는 이야기가 쑥떡같이 말해도 찰떡같이 알아 들으라고 했는데 덕분에 추풍령 마을 길을 관통해서 걸어 보았다. 추풍령 노래비는 방금 전 고속도로 지하 통로를 지나와 마을 길을 조금 걸어 나오면 마을을 관통하는 지방도로 옆 기찻길변에 위치해 있다. 노래비 건너편에서 큰재 방향 대간길은 이어진다. 4시 10분에 한 시간 마다 있는 시내 버스를 타고 김천 터미널을 향했다. 예매한 서울행 기차표를 반환하고 6시발 동서울행 직행 버스로 바꾸어 타고 집으로 향했다. 참고로 다음 대간길은 김천 터미널에서 택시나 113번 시내 버스(첫차 6시 40분)를 타고 추풍령으로 이동하고, 추풍령에서 큰재로 북진한 후, 큰재에서 콜택시로 옥산까지 가서, 옥산에서 버스로 귀가를 하면 될 것 같다.Ω

백두대간 우두령에서 궤방령까지

2010년 6월 5일 토요일
우두령 : 충북 영동군 상촌면
궤방령 : 충북 영동군 매곡면

헤드랜턴 불빛에 비친 우두령(牛頭嶺) 북진 들머리에 섰습니다. 오늘의 종주 여정을 추풍령까지 잡았습니다만 아무래도 무리인 것 같습니다. 오름 길이 불빛으로 빠끔히 미소를 지으며 반깁니다. 두세 명이 횡렬로 지날 수 있을 정도로 노폭을 손질해 놓았습니다. 에이티브이 ATV(All Terrain Vehicle) 같은 작은 트랙터가 지나면서 길을 닦은 느낌입니다. 흙길에 수북이 낙엽들이 쌓여 있습니다. 초입부는 정갈하게 나무 계단으로 단장을 해 놓았습니다. 잠시 헷갈려 다른 방향 내리막길로 4~5분 가다 되돌아 왔습니다. 초장부터 알바를 하였습니다. 그간 대간길을 지나오며 느끼고 있지만 선답자들에게 신세를 지고 있다는 느낌입니다. 이 대간길을 찾아내고 안내를 해 놓아 나 같은 초심자가 프리 라이더(Free Rider)로서 편하게 주행할 수 있도록 하여준 모든 분들께 감사드립니다. 걸음을 앞으로 내디딜수록 헤드랜턴 불빛으로 만들어진 땅 가까이 풀잎들의 그림자들이 내 앞으로 다가서 안깁니다. 처음에는 내 앞으로 덤벼드는 짐승들의 움직임으로 착각을 하고 오싹 하였답니다. 등로 옆에 새집처럼 만들어 놓은 편지함 속에 스탬프 도장을 넣어 놓았습니다. 수첩을 펼치고 한 방 눌러 찍으니 얼쑤 60 김천시 종주 4

구간(황악산-질매재)라 찍힙니다. (질매재는 구성면 마산리에서 대항면 주례리를 넘어서는 고개) 밤하늘에는 반달이 교교히 빛나고 있습니다. 작은 별빛들이 임금의 시종무관들처럼 달빛 너머로 바라다 보입니다. 오름길은 교목터널이 계속됩니다. 밤하늘의 달빛을 디카에 담으려 했지만 앵글이 적당하게 잡히지가 않습니다. 울창하게 우거진 숲인데도 새벽 바람이 매섭게 불어와 온 몸을 어루만지며 지나갑니다. 딱 소리가 자주 들리는데 아마 마른 나무가 바람에 꺾기는 소리 같습니다.

새벽 4시 10분에 느린 발걸음으로 985.3봉에 당도하였습니다. 서서히 여명이 느껴집니다. 아내가 챙겨준 오이와 쑥떡으로 간단히 요기를 하였습니다. 무궁화 열차로 이동하여 새벽 1시 56분 김천역에 내려 역앞 24시간 김밥 집에서 우동 한 그릇을 시켜 먹은 후 2시 25분 역앞에서 택시를 잡아 타고 새벽길을 달려 새벽 2시 55분에 우두령에 도착하였습니다. 요금기가 38,500원을 가르키고 있습니다. 멀리도 달려왔군요. 요금을 낸 후 헤드랜턴을 켜고 택시에서 내리니 기사 양반도 따라 내리며 걱정스럽게 말을 건넵니다. 어디까지 가실 겁니까. 혼자 무섭지 않습니까. 헤드랜턴 불빛 하나로 산길이 보이겠습니까. 어두컴컴한 언덕길을 속도를 못 내고 저단으로 올라 오느라 택시 오른쪽 앞바퀴에서 타이어 타는 냄새가 납니다. 어두운 하산 길 운전 조심하여 돌아가도록 감사 인사로 대신하였습니다. 아내는 가끔 불만스런 말을 합니다. 당신이 무슨 등산 대장이냐. 나이도 이제 곧 환갑이 되는데 왜 몸을 혹사시키려 하느냐 제발 동네 근처 산이나 다니고 길거리 뿌리는 돈으로 맛있는 음식이나 사먹지 그러냐고.

대꾸할 말이 적당하게 떠오르지 않더군요. 다만 고사성어한 구절을 떠올릴 따름입니다. '연작안지홍곡지지(燕雀安知鴻鵠之志 제비나 참새같이 작은 새가 어찌 기러기나 백조처럼 멀리 나는 큰 새의 뜻을 알겠는가)' 나무 터널이걸힌 밤하늘에는 한 쪽이 기운 달이 온 누리를 내려다 보고 있습니다. 다시 걸음을 내딛습니다. 내리막 나무 계단이 이어지더니 다시 오르막길이 나타납니다. 어둠이 걷히고 주위의 풍광들이 아침을 맞이하고 있습니다. 4시 48분에 헤드랜턴을 껐습니다. 잠시 후 전망대를 지나 안부능선이 이어집니다. 지피에스GPS를 들여다보니 이런 트랙 로그Track log가 초기화되지 않았군요. 클리어 Clear후 액티브 트랙Active Track을 제대로 작동시켰습니다. 여정봉을 지나 나무 계단 내리막길이 길게 이어집니다. 사방 공사를 하려는지 절개 사면이 층층이 제방 사면처럼 다듬어지고 있습니다. 임도를 따라 잠시 걸으니 눈 아래로 가옥 몇 채가 보이고 꾸불꾸불 임도가 산 아래 계곡까지 이어지고 있습니다. 가파른 내리막 숲 터널을 한참내려서 바람재를 향하였습니다. 이때 동물이 부르짖는 소리가 아침 공기를 타고 계곡에 울려 퍼지고 있습니다. 소리가 점점 가까이 들리는 것이 진행 방향에서 나는 것 같고 저 소리가 혹 멧돼지 소리가 아닐까 은근히 걱정이 되었습니다. 오후에 택시 기사에게 들은 이야기지만 이 지역에는 멧돼지가 꽤 많이 사는데 멧돼지가 사람을 공격하는 경우는 거의 없다고 하는 군요. 그리고 거의 울지 않는다 네요. 기사 양반은 사슴이 우는 소리였을지 모른다고하더이다. 그런데 전에 어느 산행기에서 막다른 길목에서멧돼지와 마주쳐 잠시 동안 서로 마주 보고 대치를 했다는 이야기를 읽은 바 있습니다.

6시 10분 바람재에 당도하였습니다. 바로 연해있는 헬기장을 지나 숲 터널로 접어듭니다. 짐승 소리가 잠잠해 졌습니다. 아무래도 나의 존재를 알려야 할 것 같아 배낭에 매달아 놓은 호루라기를 불어 대며 오르막길을 오릅니다. 미안하지만 그냥 지나가는 중이니 이해하고 서로 마주치는 일 없도록 하자는 마음으로. 등로 옆에 쌓여있는 낙엽 더미가 온통 파헤쳐 져 있고 오르는 등로에는 동물 오물이 자주 목격되었습니다. 나무계단길이 꼬불꼬불 이어지고 있습니다. 신성봉 삼거리를 지나면서 유난히 파리 떼와 자주 마주칩니다. 동물 오물에 말 그대로 오뉴월 똥파리처럼 달라 붙어있는 모습들이 자주 목격되었습니다. 1000m 전후가 되는 이 곳 고산 지대에 똥파리 떼가 들끓을 수 있다는 사실을 확인하였습니다. 형제봉까지 매우 가파른 길이 이어집니다. 형제봉에 서니 영동 쪽 아래 계곡으로 몇 가옥과 작은 저수지가 조망됩니다. 아마 상촌면의 한 부락 같습니다. 할머니와 외손자의 애틋한 농촌 생활을 그린 '집으로'라는 영화의 촬영지라고 합니다. 안부 능선 흙길이 이어지고 아침 햇살이 나뭇잎 새로 뚫고 들어오는 품새가 오늘 낮도 꽤나 더울 것 같습니다.

7시 17분 황악산에 오릅니다. 한 분이 식사 중입니다. 궤방령에서 올랐다고 합니다. 세 시간 걸렸다네요. 우방령에서 3시에 출발했다고 알려주었습니다. 궤방령에서 식사를 하고 추풍령에서 오늘 여정을 마감하려는 당초 마음이 자꾸 흔들립니다. 우두령에서 황악산까지 평균적 주행 시간이 3시간 15분 소요되는 거리인데 4시간 17분이 걸렸습니다. 정상에 백두대간 전도를 소개하는 입간판이 서있습니다. 디카로 몇 번을 눌렀습니다. 황악산을 뒤로 하고 다시 안부에 내려섭니다. 악(嶽)자를 포함한 산은 돌산이 대부분이라는데 황악산은 흙길 능선이 이어지는 부드러운 육산인 것 같습니다. 아까부터 왼쪽 무릎이 신통치가 않습니다. 안부 등로 옆 평평한 곳에 배낭을 풀고 간식을 먹으며 잠시 휴식을 취하였습니다. 다시 배낭을 짊어집니다. 내리막 나무 계단길이 가파르게 이어집니다. 나홀로 한 분이 힘차게 오르고 있습니다. 서로 격려하는 인사를 나누며 지나칩니다. 발걸음을 멈추고 왼쪽 무릎에 안티푸라민을 듬뿍 바른 후 무릎 보호대를 하였습니다. 잠시를 가다가 다시 멈추고 오른쪽 무릎에도 무릎 보호대를 하였습니다. 이대로 추풍령까지는 무리인 것 같습니다. 아무래도 궤방령에서 오늘 여정을 마쳐야 할 것 같습니다.

8시 29분에 내리막 안부 능선 등로 위의 쉼터에 도착하였습니다. 지도를 보니 직지사 윗 능선 길 같습니다만 나무 숲으로 인해 직지사 방향 오른쪽 아래는 조망이 안 됩니다. 쉼터는 긴 나무 의자가 양옆으로 각 두 개씩 준비를 해놓았습니다. 여기서 식사를 하였습니다. 식단은 보온 도시락. 된장국. 배추 및 갓김치. 된장 및 고추. 스팸 구이 다섯 조각입니다. 식사 후 아랫배가 더부룩합니다. 등로 옆길로 들어서서 쪼그려 앉을 자리를 살펴보니 사방이 깎아지듯 비탈이고 잡목들이 우거져 있기에 영 자세를 취할 형세가 아닙니다. 몸을 앞으로 수그려 계곡을 등진 자세로 바지를 내리고 등로를 향해 허연 엉덩이를 들어낸 채 두 손으로 나무 줄기를 잡고 쪼그려 앉았습니다. 다행히 일을 마칠 때까지 아무도 지나치질 않더군요. 등산학교에서 배운대로 제대로 뒷 처리를 한 것인지 잘 모르겠습니다. 어느 유명 인사의 인도 기행문이 생각납니다. 지붕 위까지 만원인 버스를 타고 사막을 횡단하던 중 배가 뒤틀리는 생리 현상이 나타나 도저히 참을 수 없어 운전기사에게 부탁을 해 버스를 세우고 급히 내렸습니다. 허나 사방을 둘러보아도 풀 한 포기 없는 허허벌판입니다. 버스에 타고 있는 남녀노소 뭇 눈동자들이 동양에서 온 외국인의 행동 거지를 호기심 어린 눈으로 지켜보고 있습니다. 곧 나올 것 같아 빨리 바지를 내려야 하는데 이를 어찌하면 좋을까. 버스에서 조금 멀리 떨어지는 것이 좋을 것 같아 조금 멀리 달리는데 아뿔싸 아이들이 우르르 버스에서 내려 뒤따라 오더랍니다. 어찌 하겠습니까. 쪼그리고 앉아 일을 보는데 어린들이 주변에 반원을 그리고 앉아 지켜보더랍니다. 이런 중에도 시원하게 일을 무사히 마친 후 아이들과 함께 다시 버스를 타고 여행을 계속했답니다. 등로 의자에 들어 누어 잠시 눈을 붙였습니다. 남녀 한 쌍의 목소리가 옆을 스치며 황악산을 향해 멀어져 갑니다.

9시 24분에 긴 휴식을 끝내고 다시 걸음을 내딛습니다. 내리막길에서는 무릎 보호대를 했는대도 양 무릎이 따끔거려 옵니다. 집에서 출발하기 전 우두령에서 추풍령까지 주파하리라 호기를 부리며, 건각들이 하루에 주파한다는데 난들 못하겠는가 하고 생각했던 것이 부끄럽게 느껴집니다. 산은 고향집처럼 어디 가지 않고 항상 그 자리에 있지 않은가. 다시 찾아오자. 산을 정복의 대상으로 생각하려 했던 오만함을 새삼 깨우치게 되었습니다. 기차를 타기 전 원두커피를 한잔을 해서 그런지 기차 이동 중에

도 말똥말똥하였습니다만, 우두령을 들어서고 바람재에 이르기 까지 발걸음을 옮기는 중에도 졸음이 몇 번 느껴 졌습니다. 운수봉 정상에 황악산 3번 지점 표지판이 서있 습니다. 구조 요청시 황악산 지점을 알려 달라는 김천 소 방서장의 안내문이 기록되어 있습니다. 안부 능선 흙길이 잔잔한 파도처럼 오르내리고 있습니다. 참으로 편안한 흙 길 안부 능선입니다.

10시 53분에 여시골산에 당도하였다. 무릎의 통증 이 더할수록 궤방령까지 남은 시간, 남은 거리가 자꾸 궁 금해집니다. 편한 흙길 안부 능선이 지나는 과객들로 하 여금 사색에 잠기게 하는 매력을 내뿜는 듯 하더이다. 600m 고도를 지나 440m 고도까지 내리막길이 가파른 나무 계단길이라 짝 발 더딘 걸음으로 내려섭니다. 오른 쪽으로 녹슨 철조망이 바닥으로 내려져 있습니다. 임도로 내려서서 잠시 내려온 후 마을을 내려다보며 밭고랑 언 덕으로 올라서서 숲길로 다시 올라섭니다. 수로와 나란히 걷다가 마주치는 곳을 넘어 11시 40분에 궤방령으로 내 려섰습니다. 궤방령을 가로지르는 도로 저편으로 하늘 높 이 솟구쳐 있는 가성산이 미소 지으며 어서 다시 오라고 손짓하고 있습니다. 궤방령을 지나 영동과 김천 쪽을 오 가는 버스 시간이 2시 25분 입니다. 택시를 불러 황간까 지 이동하였습니다. 올갱이 해장국으로 식사를 한 후 시 내버스로 영동역까지 이동하였습니다. 1시 39분 영동발 3시 39분 수원도착 무궁화호 열차에 탑승했습니다. 수원 역에서 720번 버스로 집에 도착하니 5시 35분 입니다.Ω

백두대간 부항령에서 우두령까지

2010년 5월 15일 토요일
부항령 : 경북 김천시 부항면
우두령 : 충북 영동군 상촌면

참으로 아는 사람은 말이 없는 법이다. 7시 북진北進 대간 종주를 이어나가기 위해 나홀로 부항령 들머리 앞에 섰다. 환갑 나이 가까와지니 체력이 허許하는 동안 백두대간완주 마쳐야지 하고 다시 한번 다짐해본다. 입구에는 안내판, 기둥 이정표 등으로 잘 단장을 해 놓았다. 인간들의 접근이 많아지면서 이제 백두대간도 그 정기를 인간들로 하여금 더 느끼게 하는 것 같아 매우 좋은 일이라고 생각한다.

산불조심 펼침막, 출입통제 경고문, 통제선 등이 어지럽게 널려 있어 들머리를 들어서는 기분이 영 아니다. 산꾼들의 작업자득이 아닌가. 어쩌자고 산 중에서 담뱃불 등 실화로 산불을 나게 하여 이런 경고문이 연례 행사가 되게 하는지 아쉽다. 입산할 경우 화기가 될만한 것은 아예 소지하지 않았으면 좋겠다.

해발 607m 부항령. 어느 산악회가 안내문을 붙여 놓았다. 부항령은 백두대간 고개중 전라도와 경상도를 잇는 최북단 고개다. 부항(釜項)이란 지명은 고개동쪽의 마을 형국이 풍수지리산 '가마솥 같이 생겼다'하여 '가매실' 또는 '가목'이라 하다가 한자로 바꾸면서 부항이 되었다고 한다. 삼국시대 때 무풍이 신라에 속할 때 덕산재, 소사

고개와 더불어 변경을 잇는 주요 통로였으며 부항령 아래에는 현재 삼도봉 터널이 지나고 있다. 지그재그 오르막 등로를 오른다. 4년전 하산시 보다는 등로가 다소 넓혀진 느낌이다. 방금 선행자가 지나간 듯 등로에 스틱 자국이 선명하다.

신록이 여물어가고 있는 오르막길, 점차 숨이 차오른다. 잠시 후 대간 마루금에 접어들다. 오늘 먼 여정이니 서둘지 말고 만만디, 천천히 가자. 등로 나뭇가지에는 수많은 리본이 꽃 피어 있듯 매달려 있다. 가끔 잡풀 잡목이 무성하거나 사람 발길이 잦아 보이는 길과 그렇지 않을 길이 있을 때 어느 길이 마루금인지 헷갈릴 때 이 리본들이 안내자 역할을 한다. 그러나 주행하다 보면 무심결에 이 리본들을 눈여겨보지 못하고 지나쳐 가던 길을 되돌아와 리본이 가르키는 등로로 방향을 다시 잡는 경우가 더러 있었다.

지나치는 사람 없는 마루금을 나홀로 호젓하게 간다. 잡목으로 우거진 등로와 어울리지 않게 넓은 공터가 나오는데 묘자리 같기도 하지만 봉분이 식별이 안된다. 970봉을 지나치고 잠시 후 전망 바위에 오르다. 뒤를 바라보며 덕산재가 어디쯤일까 가늠해본다. 30번 지방도와 인가가 저 아래로 조망된다.

8시 38분 백수리산 정상(1034m)에 도착하다. 헬기장과 연해 있다. 배낭을 벗고 잠시 숨을 고른다. 선행자들의 평균 주행 시간보다 38분가량 쳐지고 있다. 아마 이대로라면 우두령까지는 3~4시간 쳐지리라 예상된다. 오르막 암릉길이 이어진다. 산 중에서 흔히 보면서도 그 이름을 몰랐는데 쇠물푸레나무라고 나무에 이름표를 붙여놓

앉다. 나무 줄기에 버짐처럼 엷은 회색의 띠가 둘린 나무이다. 산죽 군락보다는 물푸레나무류의 군락지를 더 많이 지나친 것 같다. 마루금을 낮 하루를 주행하면서 지나치게 되는 야생화, 약초, 나무, 돌 등의 이름을 대충이나 알고 싶은데 좋은 방법이 없을까 생각해본다. 1170봉을 앞두고 다시 전망대이다. 좌우 남북이 시원스레 조망된다. 목장이 있다고 했는데 식별이 안되고 그냥 지나친다.

11시 50분 삼각점 무풍304이다. 아내와 통화를 한 후 점심을 하다. 영동역에서 8시 40분에 출발하는 서울행 열차를 탈 수 있을지. 일단 삼도봉까지 가서 추정해보기로 하다. 삼도봉 가는 마루금 능선 길 11시 방향으로 뾰족봉이 보이는데 바로 석기봉이다. 아스라이 사람들의 움직임이 간별된다. 삼도봉이 올라 보이는 안부에 다다르니 하늘이 탁 트이는 가파른 오르막 능선 길에 나무 계단이 저 위까지 이어지고 있다.

12시 40분 삼도봉 정상이다. 삼도봉 화합탑이 모습을 드러낸다. 탑문에는 해발 1176m 삼도봉. 태백산맥에서 분기하여 동서로 뻗어내린 소백산맥의 큰 봉으로 충청도, 전라도, 경상도가 이곳에서 갈린다하여 삼도봉이라 하였다라고 소개하고 있다. 다른 면 탑문에서 '대화합의 새로운 장을 열면서 소백산맥의 우뚝솟은 봉우리에 인접 군민의 뜻으로 이 탑을 세우다. 영동군, 무주군, 금릉군.'이라고 적혀있다. 지역간 감정이 주로 정치에 의해 훼손된 것으로 알고 있는데 원인의 주역인 정치인들에 의해 화합이 선언된 것 같아 씁쓸한 느낌이 들었다. 부항령 출발후 처음으로 사람과 마주치다. 각기 다른 부부 세쌍, 또 다른 나홀로 산객이 삼도봉을 거쳐 다시 각자의 방향을 향해 간다. 부항령에서 삼도봉까지의 주행시간이 선행자 평균 주행시간 3시간 50분인데 실제 5시간 30분이 걸렸다. 1시간 40분이 더 걸린 것이다. 우두령까지 평균 주행 시간이 4시간 10분이니 실제 6시간이상 걸릴 것 같다. 영동발 8시 40분 열차는 탈 수 있을 것 같다. 아침에 타고온 택시에 전화를 하여 6시 50분내지는 7시까지 우두령에 승차 대기해 줄 것을 요청하다. 만만디, 천천히 주행코자 했으나 오늘 남은 여정길이 걱정이다. 아니나 다를까 삼도봉 출발후 얼마 안 있어 왼쪽 무릎 관절이 땡겨온다. 경미하게 다리에 쥐가 나기 시작한다. 주행을 하다 안되겠다 싶어 주행을 멈추고 응급 조치를 취하다. 안티푸라민을 듬뿍 바른 후 무릎 보호대를 하고 다시 출발하니 통증이 가신 듯하다. 등로는 가파른 나무 계단 내리막길로 이어진다. 다시 편안한 안부 능선 길. 삼각점 영동459을 지나치다. 오른쪽으로 잡목 사이로 경계줄을 쳐놓았다. 김천의 한 시민이 임산물 및 특수작물을 재배 중이니 출입하지 말라는 경고 간판을 붙여 놓았다. 지나오는 등로에 동물 배설물이 자주 눈에 띠고 땅이 파헤쳐진 곳이 많이 목격되었다. 땅이 파헤쳐진 것은 아무래도 사람들이 그랬으리라 생각되지만 줄줄이 동물 배설물이 이어지는 것이 혹 멧돼지들의 오간 흔적이 아닐까 생각되어져 등골이 오싹해지며 작은 소리에도 뒤돌아보기를 자주 하였다. 펑퍼짐한 안부를 지나며 지도에 표시된 밀목재이러니 짐작하며 지나친다. 다시 오르막길이다. 지도를 보니 화주봉까지 2시간여 거리다. 저멀리 앞에 뾰족 솟은 봉우리가 화주봉이려니 하였지만 정상에 올라선 후 지도와 지피에스 GPS를 살펴보니 1175무명봉이다. 화주봉은 저만치 멀리에 서서 자기에게 다가오고 있는 한 지친 산객을 바라보며 어서 오라며 안쓰럽게 웃고 있는 듯하다. 무명봉을 지나 얼마 안 가니 완전히 직벽 내리막길이다. 굵은 밧줄이 길게 늘어뜨려져 있다. 쌍스틱을 한손으로 옮겨 쥐고 조심조심 내려선다. 자칫 방심하면 미끌어 질 듯 하니 천천히 삼점 확보를 하며 조심스레 내려와야 할 것 같다. 다시 안부 능선 길이다. 5시 20분 해발1207m 화주봉. 한 동우회가 석교산이라는 정상비를 세워 놓았다. 뒤돌아보니 잠시 전 지나온 무명봉이 날카롭게 하늘을 향하고 있다. 오늘의 주행 Theme을 화(和)로 잡았다. 마음에 도사린 화(火)가 화(和)로 정화되기를 바랬지만 주행이 끝나서도 그 화(火)는 변함이 없었다. 저 무명봉이 대변하는 것은 아닌지.

인간사, 직장생활이 항상 평탄한 것만은 아니렷다. 왼쪽 무릎 통증이 심해지고 오른쪽 무릎 관절도 시원치가 않다. 무념 상태에서 편하게 주행을 해야 백두대간의 정기가 전해지련만 마음이 화(火)한 상태이다 보니 몸의 균형이 깨지고 무릎 통증으로 나타나는 것이 아닌지. 내리막길을 내려설 때는 아이고 소리가 절로 난다. 다시 멈추어 서서 응급조치를 하다. 양쪽 무릎에 안티푸라민 연고를 듬뿍 발라 마사지한 후 왼쪽에 다시 무릎 보호대를 단단히 동여매다. 무릎 보호대를 구입하고 항상 배낭 속에 갖고 다녔지만 사용한 적이 별로 없었는데 오늘은 그 덕을 보는 것 같다. 아무래도 양쪽 무릎에 다 할 수 있도록 하나를 더 준비 하여야 겠다. 1162봉 헬기장을 지나고 우두령을 향하는 안부 능선이 이어지고 좌우 잡목 사이로 저멀리 아래로 도로가 보인다. 우두령으로 이어지는

901지방도이다. 무릎 통증이 점점 더 심해진다. 내리막길에서 더 그렇다. 능선 아랫길에 사람 모습이 나타난다. 저런 지례 택시 기사 양반이다. 시계를 보니 6시 30분을 지나고 있다. 미리 도착하여 쉬엄쉬엄 올라와 보았다고 한다. 어느 땐가 관광차 한 대로 왔다가 우두령으로 하산을 하여야 하는데 해인리로 잘못 하산하여 본팀 일행과 헤어질 수 밖에 없었던 낙오자 일행을 택시로 귀가를 도왔던 경우도 있었단다. 내심 하산길을 잘못 잡지는 않았을까 걱정도 했던 모양이다. 오늘이 스승의 날이기에 김천시로 나가면 택시 영업이 평소보다는 더 잘되었을 것을 포기하고 이곳 우두령으로 왔다고 하니 고마울 뿐이다. 대간길에서 해매지 않고 정확히 마루금을 밟아 우두령으로 하산할 수 있어 다행이다.

　우두령 날머리를 벗어나니 소 한 마리 돌상이 서있다. 아하 우두령(牛頭領). 소머리 고개. 둔하긴. 이제사 우두(牛頭)의 의미를 최종지에서 알게 되다니. 시계를 보니 6시 52분이다. 집에 도착하니 밤 11시간 50분이다.Ω

백두대간 배재에서 부항령까지

2006년 6월 6일 화요일
배재 : 전북 무주군 무풍면
부항령 : 경북 김천시 부항면

전주 원룸을 출발하여 무주까지 시외버스로 이동, 다시 택시로 갈아타고 37번 지방도를 달려 오늘의 들머리인 배재에 8시 55분에 도착. 오가는 차량이 뜸하고 한가해 보이는 고갯마루에 따가운 햇살이 내리쬐고 있다. 오늘도 무척 더울 것 같다. 급경사 잡목 사이로 좁게 이어진 비탈길을 올라 대간길로 접어들다. 대간길 등로에는 나무 그늘이 만들어져 더위는 느껴지지 않는다. 산들거리는 바람결이 느껴지고 짙게 깔린 신록의 내음이 기분을 상쾌하게 한다. 오늘도 기분 좋은 주행이 될 것 같다. 아내와 전화 통화를 하다. 지방발령으로 떨어져 생활하다 보니 아내는 여러가지 걱정거리가 많은 모양이다. 하기야 식사는 정말 문제인 것 같다. 더욱이 나이 50세가 넘어 시작한 산행, 그것도 보통 하루 7~8시간 이상의 나홀로 주행이기에 아내는 산행을 앞두고는 나보다 더 긴장을 하며, 나이를 생각해라 마음처럼 몸도 젊은 줄 아느냐, 남편을 산에 뺏겼다 등 여러 말을 하기도 한다. 지방 발령후 산행시간 내기가 여의치 않아 산행 주기가 점차 길어지고 전날 배낭 준비에 전에는 아내가 이것 저것 챙겨주어 힘이 되었으나 지금은 혼자서 청승맞게 홀아비 봇짐 싸는 것 같아 맥이 빠지기도 한다. 새삼 아내 귀한 줄 알게 된다.

더 늙어 죽음이 둘을 갈라 놓을 때까지 잘 대해 주어야 겠다. '있을 때 잘 해' 라는 노래 가사 가 생각난다.

10시 21분 호절골재에 도착하다. 지도 상에 표기된 수정봉은 현장에 표시가 안 되어 확인할 길이 없어 그대로 지나치다. 안부 능선 길이 이어지고 잡풀로 무성한 된새미기재를 통과하다. 지도 상으로는 진행 방향 좌우로 등로 표시가 되어 있건만 잡목과 잡풀로 우거져 길은 보이질 않는다. 나뭇잎으로 그늘 길이 만들어진 능선 길이 계속 이어진다. 좁은 등로에 싸리 나무,잡목 등이 성가신다. 긴 팔과 장갑을 끼지 않으면 피부가 긁혀 상처를 입기 십상일 것 같다. 능선 봉우리를 오르내리며 간혹 하늘이 조망되는 능선 길이 이어진다. 대간길 방향 오른쪽으로 비켜 앉은 암봉에 지도상 표기된 금봉암을 찾으려 했건만 녹음이 우거져 조망이 안되고 가는 길도 확인이 안된다.

10시 51분에 삼봉산(1254m)에 도착하다. 돌무덤 위에 삼봉산 표지석과 삼각점이 있다. 등로와는 잡목으로 구분되어 가려져 있고 나뭇잎이 울창하여 무심결에 시그널만 쫓다보면 자칫 지나치기 쉽게 되어 있다. 산경표에는 여기서부터 봉황산(무룡산)까지 덕유산이라고 했단다. 가야할 대간길 앞으로 소사고개, 삼도봉, 대덕산이 한눈에 들어온다. 암봉 밑 그늘 진 비박 처마 밑에 앉아 점심을 먹다. 눈 아래 보이는 마을이 독가촌 같다. 아내와 통화를 하다.

12시 38분에 소사 고개에 도착하다. 암봉에서 소사고개까지는 계곡길을 따라 급경사 비탈길이 이어진다. 흙길과 자갈길이 반복된 가파른 비탈길이라 미끄럼틀처럼 미끄러워 자칫 방심하면 엉덩방아 찧기 십상일 것 같다.

한 시간 가까이를 열심히 내려서니 개간한 넓은 밭에 채소가 심어져 있다. 밭을 지나고 다시 숲속 길로 접어 드니 오늘 처음으로 산님 한 분이 삼봉산을 향해 오르고 있다. 소사 고개에 이르니 서울에서 방금 도착한 산님 한 분이 부항령을 향해 막 대간길에 접어들려고 한다. 간단히 인사를 건네고 네가 먼저 앞서 나간다. 완만한 오름길이 이어지다가 산간 개간지가 나타난다. 반대 방향에서 젊은 남녀에 이어, 또 다른 십여 명의 무리가 빠른 걸음으로 언덕길을 내려서고 있다. 잠시 후 띄엄띄엄 2명, 1명이 내려오고 있다. 개간지 옆 농로를 걸을 때는 땅에서 올라오는 열기가 보통이 아니다. 가만히 있어도 푹푹 찌는 이 더위 속에서 오늘 이 시간에 남한땅 640km에 달하는 백두대간길에는 얼마나 많은 산님들이 종주를 하고 있을까.

2시 9분 삼도봉(1250m)에 도착하다. 삼도봉 오르는 길은 가파른 등로지만 흙길이라서 가쁜 숨 내쉬면서도 편하게 느껴진다. 배낭도 물과 과일로 인해 무거웠으나 거의 다 먹어 치우니 가벼워진 느낌이다. 걸음수를 하나 하나 헤아리듯 천천히 오른다. 어느덧 거창 삼도봉이다. 전주 무주, 경북 김천, 충북 영동의 경계인 삼도봉만이 삼도봉이 아니라 전북 무주, 경북 김천,경남 거창을 가르는 이 봉도 거창 사람들은 삼도봉이라고 부른단다. 삼도봉 정상에는 억새풀이 억수로 있다. 눈 아래로 방금 지나온 소사 고개 농촌 마을 정경이 조망되고 대간길 방향에는 대덕산이 마치 여인의 풍만한 가슴 모양을 한 채 누워 있다. 삼도봉이 해발 1250m, 대덕산이 해발 1290m으로 별 차이가 안 나는 데도 대덕산이 훨씬 높아 보인다.

2시 56분 대덕산(1290m)에 도착하다. 삼도봉 정상을 지나자 이내 가파른 내리막 숲속 터널길이다. 맑은 하늘에서 쨍쨍이 내리쬐는 햇빛이 띄엄 띄엄 보일 정도로 나무숲이 울창하다. 초창기 대간길 선행자들이 이 등로를 헤쳐나갈 때 엄청 힘들어 했으리라. 안부 능선 숲 터널을 뚫고 대덕산 앞 봉에 올라서다. 무릎이나 가슴 높이의 잡풀들이 엉성하게 서있는 눈높이 굽이의 능선 길. 헬기장이 나오고 바로 대덕산 정상이다. 사면팔방이 조망된다.

4시 5분 덕산재에 도착하다. 대덕산 정상을 지나 덕산재를 향해 잠시 급한 비탈길로 내려서다가 다시 완만한 지그재그 능선 길이 내려간다. 내리막 한 귀퉁이에 샘터가 나타난다. 어린아이 오줌 줄기처럼 가늘지만 힘차게 내뿜고 있다. 해발 약 1000m를 넘기는 이곳에 샘터가 있다니. 물 바가지에 한 그릇 받아 들이키니 물 맛이 너무 시원하고 좋다. 두세 바가지를 더 들이킨다. 마침내 덕산재에 내려서다. 당초 덕산재에서 구간을 끊으려다 아무래도 다음 구간이 우두령까지인 관계로 너무 길 것 같아 오늘 부항령까지 끊기로 하였다. 비박에 자신이 없어 가능한 당일 주행이 되도록 오가는 교통편을 고려해 구간을 정해 나가고 있다. 도로 건너편에 시그널이 대간길을 안내하고 있다. 부항령까지 갈 길이 바빠 조금이라도 시간을 아끼고자 매점을 들리지 않고 곧바로 대간길로 접어들다.

4시 43분 폐광터에 도착하다. 덕산재를 지나 잡목이 우거져 있다. 완만한 능선 길을 오르고 내려 절개지 공터가 나타난다. 지도상으로는 폐광터로 표기가 되어 있고 새삼 백두대간 녹화 사업 지역이라고 현수막을 내 걸었는데 아직 주변 정리가 제대로 되어 있지 않다. 물결치듯 능선들이 계속된다. 대간종주자들만이 다녔음직한 등로에는 낙엽송이 하늘 높이 뻗어나가고 있다. 능선 길에 무풍 413 삼각점이 있다.

6시 12분 부항령 고개마루에 도착하다. 나무 숲 사이로 30번 지방도가 보인다. 콜택시를 불러 6시 35분까지 삼도봉 터널 앞에 대기하도록 부탁하다. 한적한 등로를 따라 마지막 완만한 비탈길을 오르내리니 헬기장이 나타나고 곧이어 부항령으로 내려서는 갈림길이 나타나다. 다음 구간 이어질 대간길 방향을 확인한 후 소로를 따라 지그재그 돌아 내려와 삼도봉터널 앞 쉼터에 당도하다. 곧이어 도착한 콜택시로 무주 터미널에 도착. 무주는 현재 지난 6월 2일부터 반디불축제 중이다. 터미널 옆에 펼쳐진 축제의 한마당을 시간이 없어 구경을 못하고 아쉽지만 7시발 전주행 버스에 몸을 싣고 전주 시외버스터미널에 8시 30분 도착. 터미널앞 식당에서 저녁을 먹은 후 집에 도착하여 TV를 켜니 지방 선거에 참패한 여당이 진통 중이라고 전하고 있다. 동네 24시간 사우나를 다녀온 후 잠자리에 들다. 다리에 쥐가 날 듯 온몸이 뻐근하다. 조만간 지리산 태극종주를 하려는데 체력이 뒷받침해줄지 의문이다.Ω

백두대간 삿갓재에서 빼재까지

2006년 5월 31일 수요일
삿갓재 : 경남 거창군 북상면
빼재 : 전북 무주군 무풍면

오늘은 임시 공휴일. 만사 제쳐 놓고 잠시 중단했던 대간종주를 3개월 여 만에 다시 이어 나가련다. 새벽 5시 45분에 집을 나서 전주 시외버스터미널에서 대구 거창행 6시 15분 차를 타고 안개가 자욱하게 낀 26번 도로를 달려 8시 5분에 서상터미널에 내리다. 터미널에 대기시킨 콜택시를 타고 8시 20분에 황점매표소에 도착. 황점매표소에는 아직 직원이 출근 전이다. 부부가 승용차로 도착하여 출발 준비를 하고 있다.

오늘은 삿갓재에서 빼재까지 북진하려고 한다. 잠시 방향을 바꿔 빼재에서 삿갓재로 남진할까도 생각했지만 종주후 귀가 시간대가 여의치 않아 당초대로 북진하기로 하다. 주행 시간을 봐서 여차하면 중간에 월음령에서 하산하기로 하다. 오르내리는 사람 없는 등로를 오른다. 녹음으로 짙게 우거진 오르막 돌길이다. 오늘 날씨는 맑고 무척 덥다고 했다. 나뭇잎 사이로 뚫고 들어오는 아침 햇빛이 만만치 않아 한 낮에는 대단할 것 같다. 일주전 지리산 중산리 계곡을 당일 오르내린 관계로 황점 계곡은 그리 힘들게 느껴지지 않았다. 삿갓재 대피소까지 2시간 30분 정도 예상했는데 1시간 30분 만에 도착하다. 오늘 예감이 좋다. 이대로만 주행을 한다면 빼재까지 주어진 시간에 주행을 하여 무주발 전주행 막차를 탈 수 있을 것 같다. 대간길을 구간 구간 이어나가는데 있어 연결점에 접근하기 위해 오르내리는 주행 거리와 시간 및 경비가 만만치가 많다.

9시 58분 삿갓재 대피소에 올라 서다. 대피소 주변은 인적 없이 적막하다. 따가운 햇빛이 안부 능선을 내리 쬐고 있다. 올라온 계곡 사이로 황점 마을이 조망된다. 잠시 숨을 가다듬은 후 무룡산을 향해 출발하다. 한 시간 거리로 표시되어 있다. 산죽길이 이어진다. 사람 키를 넘는 잡목들의 나뭇가지 잎사귀들이 따가운 햇빛을 가리고 그늘을 만들어준다. 긴 팔을 입지 않는다면 팔이 많이 긁힐 것 같다. 무릎 높이의 철쭉이 듬성듬성 모여 있는 완만한 안부 능선 길이 이어진다.

11시 3분 무룡산에 도착하다. 무룡산까지 1시간 5분이 소요되다. 대간지도 상에 표시된 시간과 실제 시간이 거의 일치하고 있어 기분이 좋다. 동엽령을 향한 능선 길이 길게 늘어서 있다. 산죽, 철쭉, 관목들 사이로 좁은 등로가 이어지고 있다. 등로 옆 평평한 둔덕으로 비켜나 이른 점심을 먹다. 식사를 마치고 갈 길이 멀기에 서둘러 출발을 하다.

앞쪽 봉우리 정상에서 사람 목소리가 들려 온다. 웅성거리는 소리 같기도 하고 아우성 치는 것 같기도 하다. 저렇게 크게 소리칠 이유가 있을까 갸우뚱해본다. 된비알 돌길을 올라 정상에 가까이 가자 헬기가 접근하고 있다. 헬기 프로펠라가 지척에서 돌고 있어 사람을 날려 버릴 것 같다. 한 사람이 헬기 바람을 피해 비탈길로 내려서기에 웬 헬기냐고 묻자 사람이 죽었다고 한다. 정상에서는 소방대원 세명이 들것에 사람을 묶고 있는 중이고 헬기가 상공을 배회하며 공수를 위해 대기 중이다. 일행으로 보이는 몇 명이 들것 주위에서 지켜보고 있다. 참참한 마음을 가누지 못하며 뒤돌아서서 동엽령을 향해 출발하다. 조금 가니 소방대원 한 사람이 가쁜 숨을 내쉬며 바위에 걸터 앉아 있기에 어찌된 일인지 물으니 심장마비로 사망했단다. 어찌 이런 일이.

등산 학교에서 배운 심폐소생술이 생각난다. 심장마비시 심폐소생술만 잘해도 심장 박동을 되살릴 확률이 크다고 하던데. 참으로 안타깝다. 나홀로 산행에 대해서 아찔한 생각이 든다. 아무래도 심폐소생술에 대해 다시 한번 복습을 단단히 해야 겠다. 단체 인솔 책임을 맡는 경우가 많은 우리 직원들에게도 빠른 시일 내에 심폐소생술 교육을 특별히 실시해야겠다. 고혈압이 있는 사람이나 심장이 약한 사람과 동반 산행을 할 경우를 대비해서라도 산을 찾는 사람들은 심폐소생술은 정확히 익혀놓는 것이 좋을 것 같다. 소방서에서 시키는 교육을 이수하기를 강력히 권장한다. 나홀로 주행하다 정작 본인에게 심폐소생술을 적용해야만 하는 경우도 있을 수 있기에 소방대원에게 질문을 했으나 이런 경우는 별 방법이 없다고 대답을 한다. 참참하고 무거운 마음으로 동엽령을 향해 주행을 계속하다. 헬기가 두 팔 벌리고 굳은 채 숨진 시신을 동아줄에 매달고 무주군 안성면 쪽으로 사라진다. 고인에게 명복을 가족에게는 심심한 조의를 표한다.

12시 59분 동엽령에 도착하다. 10여 명의 단체팀이 무령산 쪽으로 넘어가고 있다. 잠시 이정표를 둘러보고 주위를 조망해본다. 송계사 방향으로 정겨운 시골 마을

전경이 조망된다. 고갯마루 능선 위로는 따가운 햇살이 내리 쬐고 있다. 다시 걸음을 재촉하며 백암봉을 향해 출발을 하다. 앞서 가던 산님이 바위에 걸터 앉아 오이를 먹으면서 한 개를 권한다. 정중히 사양하고 계속 주행을 하다.

1시 54분 백암봉에 도착하여 사진 몇 커트를 찍고 대간길을 찾아 신풍령 이정표 방향 동쪽 등로로 발길을 옮기다. 북쪽 등로는 향적봉 방향. 뒤따르던 많은 산님들이 모두 향적봉 방향으로 향한 듯. 횡경재와 못봉를 지나 3시 59분 월음령에 당도하다. 오늘 주행 시간이 늦어져 여차하면 이곳 월음령에서 삼공리 방향으로 하산하려 했는데 다행히도 당초 계획대로 빼재까지 주행을 해도 버스 막차를 타는 데는 지장이 없을 것 같아 기분 좋게 주행을 계속하다. 뒤에서 헬기 프로펠라 소리가 들린다. 관목 숲을 지나 하늘이 조망되는 비탈길에서 바라보니 향적봉 철탑 부근에서 헬기가 상공을 비행하고 있다. 모노 망원경으로 살펴보니 길게 늘어뜨린 줄에 무언가를 매달고 설천면 아래쪽 방향에서 향적봉 상공으로 나르는 것 같다. 처음에는 또다른 인명 사고가 난 것 아닌가 생각했으나 한 시간 가까이 줄에 무언가를 매달고 몇 차례 나르기에 아무래도 인명 사고는 아닌 것 같고 매점 물품이라도 운반하는 것으로 생각했으나 나중에 무주로 이동하며 택시 기사에게 들은 바로는 설천면에서 향적봉 오르는 길이 하도 험해 구간 구간 계단 공사중인 것으로 알고 있다며 벌써 끝났을 텐데 아직도 공사중인 모양이라고 하다.

5시 35분 갈미봉을 지나다. 오르고 내리는 안부 능선 길이 여러 차례 이어진다. 뜨거운 날씨 속 주행이건만 편하게 능선 길 주행을 이어나간다. 산을 오를 때는 심장으로 오르고 내려올 때는 무릎으로 내려온다고 하던데 날머리 막바지에 심신이 지친 상태에서 이어지는 오르막과 내리막이 여러 번 반복되는 능선 길 구간을 걸으며 이 말의 의미를 제대로 느낄 수 있겠다. 지도에 고사목이 표기되어 있는데 어딘지를 가늠하지 못하고 지나친다. 6시 22분 무풍438 삼각점을 지나다. 빼재 도착 전 대충 30분. 설천면 콜택시를 불러 7시까지 신풍령 휴게소에 대기하도록 부탁을 하다.

6시 49분 드디어 빼재 휴게실 광장에 도착하다. 매점에 들려 음료수 한 캔을 사고 점원에게 다음 들머리 위치를 물어본다. 콜택시 도착. 택시 이동중에 들머리를 눈으로 직접 확인. 절개사면에 된비알 돌길이다. 30분 걸려 무주 시외버스공용터미널에 도착. 전주행 막차가 7시 50분. 승차권을 구입하고 20분 정도 여유 있어 기사 식당에서 우동 한 그릇을 게눈 감추듯 먹고 아이스크림 하나 사 입에 물고 버스에 승차. 안성, 장계, 진안을 거쳐 전주 시외버스터미널에 10시경 도착. 택시로 갈아 타고 집에 오니 10시 20분을 넘기고 있다. TV를 켜자 화면에 도지사 당선 확정자 한 명이 상기된 표정으로 소감을 밝히고 있다. 그래 부디 초심 변치 말고 공약대로 잘 하라.Ω

한라산 관음사에서 성판악까지

2006년 04월 08일 토요일
관음사 : 제주 제주시 한림읍
성판악 : 제주 제주시 조천읍

미래를 두려워 하지 말고(不要怕), 지나간 날들을 후회하지 마라(不要悔). 중년 이전에는 두려워하지 말고, 중년 이후에는 후회하지 마라. 철책선 GP에서 군복무 중인 아들의 휴가 기념으로 한라산 백록담과 대한민국 최남단 마라도를 답사하기로 하다. 애 엄마로부터 GP생활로 산에 신물이 났을 텐데 휴가 중에까지 산에 데려가려느냐는 말을 들었다. 휴가 일 수가 장장 17박 18일이나 되어 조금은 의미있게 휴가를 보내게 하려 했었다. 그래서 아들에게 의사를 물으니 매사 적극적인 성격인지라 예상했던 대로 대찬성이다. 처음 계획은 당일 한라산 산행만 하려 했으나 아내의 권유도 있고 해서 마라도 답사를 추가 1박 2일로 계획을 변경했다.

새벽 4시에 기상하여 아침 식사를 든든하게 하고 보온밥통 2개에 도시락을 싸서 배낭에 넣다. 아이젠, 방한복, 보온수통 등 악천후를 대비하다 보니 배낭무게가 각각 10kg을 넘는다. 집을 나서 김포공항행 리무진 첫차에 몸을 싣다. 공항에 도착하여 배낭을 소화물로 부치다. 스틱, 등산용주머니칼은 기내 반입 금지물품. 이른 시간인데도 공항은 사람들로 북적거리고 있다. 6시 55분 김포공항 출발. 8시 제주 공항 도착. 배낭을 찾은 후 택시로 관음사를 향해 출발. 8시 30분 관음사 매표소에 도착. 택시비 일금 10,000원.

관음사 매표소 앞에 구멍 가게가 있다. 출발 준비를 마치고 한라산 백록담 정상을 향하다. 8시 50분. 양 옆으로 산죽길이 이어지고 잘 다져진 돌길이다. 대개 한라산에 오르는 방법이 성판악으로 오르고 관음사 방향으로 하산한다던데 우리는 이쪽 관음사에서 오르고 있다. 대충 나홀로 서너 명을 포함 열 대여섯 개 팀이 우리와 같은 방향으로 주행을 하는 것 같다. 반면 용진각 대피소를 넘어서부터는 이쪽 방향으로 단체 팀들이 정체가 되다시피 넘어오고 있었다.

탐라 대피소를 통과하다. 10시 3분. 무인 대피소다. 등로는 가파른 능선으로 이어진다. 등로 왼쪽으로는 탐라 계곡이 이어지고 있다. 등로가 탐라 계곡길인 줄 알았는데 그게 아니다. 이곳 한라산 탐라 계곡, 지리산 칠선 계곡, 설악산 천불동 계곡을 일컬어 우리나라 3대 계곡이라 한다는데 모처럼 제주도에 왔건만 탐라 계곡 길을 오르지 못해 아쉽다. 지금 이 능선은 개미 능선, 오른쪽으로 이어지는 계곡이 개미 계곡이란다. 능선을 따라 오르니 서서히 눈 쌓인 등로가 계속된다. 아들의 주행력이 군 입대 전보다 훨씬 나아져 보이기도 하고 오버페이스하는 것 같기도 하다. 앞서가다 뒤 돌아서서 아빠가 다가서기를 기다리고 있다. 군에서 산악 훈련 행군시 너무 앞서 나가다가 야단을 맞는 경우도 있었다고 한다. 입대 전 함께 산에 오르면서 가끔 무릎이 아프다고 했었는데 글쎄. 눈 덮힌 능선 길이 계속 이어진다. 러셀 흔적을 분간하기 어려운 구간도 나타나고 눈길 중간 중간에 사람 다리 길이의 러셀 구멍이 나 밑바닥 흙이 보인다.

개미목을 통과하다. 10시 54분. 주위를 두리번거려 개미목이라 이름 지은 단서라도 있을까 살펴보지만 감이 안 잡힌다. 등로는 눈길이다. 레셀 옆으로 스틱을 힘주어 찍으니 손잡이 가까이까지 내려간다. 지루한 눈길 능선이 끝나고 눈이 다 녹은 안부가 나타나고 침목길이 이어진다. 앞이 확 티여 올려다 보이는 전망이 좋다. 올려다 보이는 봉우리가 지도상의 삼각봉같다. 잠시 디카에 풍광을 잡고 캠코더에도 주위 풍광을 잡으려고 캠코더를 만지작거리고 있는데 뒤따라 나타난 공단 직원이 정상에 오르려거든 용진각 대피소를 12시 30분 전에 통과해야 한다고 일러준다. 시계를 보니 12시가 다 되어간다. 캠코더 촬영을 포기하고 서둘러 걸음을 재촉하다. 도중에 침목 난간이 눈사태로 휩쓸려 넘어져 있다. 자칫 미끄러지면 저 아래 탐라계곡으로 떨어질 듯하다. 조심조심 눈사태 지역을 지나다. 샘물이 흐르는 탐라계곡 길과 마주치다.

용진각 대피소에 도착. 12시 4분. 앞서간 공단 직원이 대피소 주변 제설 작업을 하고 있다. 정상에서는 2시 이후에는 있을 수 없다고 알려준다. 용진각 대피소를 뒤로 하고 정상을 향하다. 눈이 녹지 않아 러셀도 정확하지 않고 나뭇가지를 헤치며 오른다. 내려오는 사람을 향해 대충 길을 잡고 오른다. 단체로 내려오는 팀이 많아 일부 구간에서는 잠시 서서 기다리다 내려가기를 기다려야 했다. 내려오는 사람들이 뜸하면 오르는 길이 가늠이 안 되어 대충 정상 방향을 잡고 오르다. 꺾인 나뭇가지를 헤집고 오르다. 쌓인 눈높이로 작은 나무들은 파묻혀 있다. 눈 쌓인 비탈 구간이 얼추 끝나고 돌계단 길이 나타나다. 조망이 잘 되는 안부가 이어진다. 내리쬐는 햇빛으로 안부에는 눈이 없이 말끔하다. 눈 녹은 안부를 지나니 다시 눈길이다. 많은 사람들이 무리 지어 이쪽으로 넘어오고 있다. 몇 분 정도 멈춰서 있어야 하는 경우도 있다. 두시 전에 정상에 도착하기 위해 식사 시간을 넘기며 강행군을 했더니 허기로 인해 거의 탈진 상태가 되어 버렸다.

2시 4분에 정상에 서다. 당초 관음사 매표소에서 정상까지를 6시간 30분 정도로 잡았는데 5시간 14분이 소요됐다. 앞서 걷는 아들을 따라 가다 보니 평소보다 빨리 걸은 것 같다. 백록담은 귀퉁이에 약간의 물이 고인 상태다. 넘실거릴 정도로 물이 차 있다면 정말 장관이었을 텐데. 원래가 백록담에는 이렇게 물이 없었던 것인지. 백록담 울타리 주변에 깔아 놓은 침목 바닥에는 많은 인파가 와자지껄 모여 앉아 환담하며 식사하고 있다. 아내와 통화를 하니 지금 이 시각 서울 수도권은 한 치 앞을 내다볼 수 없을 정도의 황사 현상이 왔다고 한다. 정상에서 내려다 보이는 제주도도 멀리까지는 조망이 안 되고 뿌옇게 조망이 된다. 우리도 자리를 깔고 보온 도시락을 꺼내어 늦은 점심을 먹다.

정상 귀퉁이 작은 초소에서 공단 직원들이 나와 빨리 내려가라고 큰소리를 질러 댄다. 말투들이 꼭 우마몰이꾼 같다. 우리처럼 이제 막 도착하여 식사를 시작하는 팀도 꽤 된다. 몰이꾼들은 밥 먹고 있는 팀들에게 돌아다니면서 빨리 먹으라고 재촉을 한다. 한번만으로도 족하련만 서너번을 재촉한다. 젠장 먹는 음식 체할라. 오르는 길 풍광을 감상하고 한라산 정상에서는 기념 사진도 찍고 제주도 전역을 여유있게 조망하려면 관음사 매표소를 최소한

8시 정도에는 출발해야 할 것 같다. 한 순간 사람들로 붐비던 한라산 정상은 순식간에 다 빠져나가 대부분 관음사 방향을 향해 내려간다. 내리쬐는 햇빛이 따갑게 느껴진다. 공단 직원들만 남아있는 횅한 정상을 뒤로한 채 성판악을 향하다. 정상 안부를 벗어나니 다시 눈 쌓인 완만한 경사길이 이어진다.

진달래 대피소에 도착하다. 3시 32분. 매점이 있다. 하산 중인 20~30명이 휴식을 취하고 있다. 성판악대피소 방향에서 정상에 오르기 위해서는 이곳을 12시 30분 전에 통과해야 한다는 안내문이 있다. 잠시 목을 축인 후 하산을 하다. 왼쪽으로 모노 레일이 보인다. 아마 진달래 대피소까지의 물품 운반용같다. 마침 모노레일 철 바구니에다 지친 아낙네 몇 사람을 태우고 내려가고 있다. 운치가 있다. 평지 같은 하산길이 계속 이어진다. 사라악샘에 도착하다. 물이 콸콸 솟아 오른다. 목을 축이고 빈 물병에 가득 채우다. 많은 무리와 사람들을 뒤로 하며 하산 걸음을 재촉하다. 5시 50분 성판악 대피소에 도착. 대피소 앞 11번도로를 지나는 시외버스로 서귀포시 예약된 숙소를 향하다.

후기

이튿날 렌터카로 송악산 자락에 위치한 마라도행 유람선 선착장까지 이동. 빗방울이 뿌리기 시작하는 가운데 10시 배를 타고 마라도로 이동. 마라도 자리덕선착장에 도착 도보로 마라도 일주. 일주에 20~30분 소요. 개를 세 마리 만났는데 짖지 않고 꼬리를 흔들며 반갑게 다가선다. 마치 외지 손님을 맞이하는 요령에 대해 훈련을 받은 것 같다. 비가 많이 내려 선착장부근 정자에서 비를 피하며 12시 배 떠나는 시간까지 대기하였다. 송악산 선착장에 도착을 하니 빗줄기가 굵어졌다. 제주도 전역에 오후 내내 비가 내리다. ATV체험을 포기하고 대신 여미지 식물원을 관람하고, 빗줄기를 뚫고 다시 북쪽으로 이동하여 민속박물관을 관람하다. 비행기 시간을 마추어 공항으로 이동하여 쳌크인하려니 모든 비행기가 결항이라면서 내일 아침에 공항에 나와 대기표를 받으란다. 종일 내리던 비는 그쳤지만 제주도 상공에 돌풍이 불어 비행기가 뜨지도 못하고 내리지도 못한다고 한다. 렌터카를 다시 불러 네비게이션 도움을 받아 더듬더듬 제주시로 다시 나가 어렵게 방을 구해 본의 아닌 1박을 더하다. 다음날 이른 아침 공항에 도착하니 한마디로 아수라장이다. 큰 대자로 들어 누워 있는 사람들이 부지기수요 항공사 직원들에게 핏대를 세우며 항의하는 광경이 여러 번 목격된다. 방송사에서 나온 ENG카메라기자들이 연신 카메라를 돌려대고, 사진기자들도 연신 샷터를 눌러댄다. 지인하고 전화 통화를 했더니 과일박스를 갖고 공항으로 달려왔다. 항공사측에서 확실한 출발 시간을 알려주면 남는 시간 활용하려고 렌터카를 다시 불렀건만 대기표를 주면서 기다려라, 정기 항공편의 예약 취소된 좌석이 나오는 대로 주기 때문에 기다린다고 오늘 간다는 보장도 할 수 없다, 못 갈 수도 있다고 하는 바람에 렌터카 다시 반납하고 하루 온종일 공항 대합실 바닥에서 뭉그적거리다. 항공사에서 안내 방송으로 아침 특별기편으로 1,000명 정도가 빠져 나갔다고 안내 방송을 하자 새벽 6시 공항문이 열리자마자 왔다는 사람이 무슨 특별기편이고 1,000명이냐며 거칠게 항의하며 지금 대기표 갖고 있는 사람들이 1,000명 가까이 되는데 빨리 특별기편을 마련하라고 요구를 하자 비행기 한 대 뜨는데 수천만 원, 수억 원의 비용이 들어서 쉽게 결정을 못 내린다고 샤일록 닮은 듯한 항공사 직원이 주절거린다. 즉 1,000명 가까이 되는 대기표 소지자들은 정기 항공편 예약 취소자 자리가 발생해야 항공권을 받을 수 있다는 이야기다. 해프닝 한 토막. 여행사 여직원 한 사람은 결항되었던 고객들은 다 보내고 자기 혼자 남았는데 항공사에서 나중에 별도로 항공권을 준다고 했다가 줄 수 있는 상황이 안 된다고 하자 다소곳한 숙녀임을 포기한 채 거의 광분에 가까운 항의를 한다. 대단한 모습이다. 무기력하게 마냥 기다리는 사람들에게 볼거리 서비스를 제공한 결과가 돼버렸다. 아침식사, 점심식사, 이른 저녁식사를 공항 내에서 해결하다. 5시가 조금 지나자 우리 대기 번호 673, 674번을 부른다. 같은 시간 저쪽 항공사 대기표 번호는 4,000번에 육박하는 것 같다. 인천행 5시 30분 비행기 탑승권 두 매를 건네 받다. 아직도 공항 대합실은 대기표를 손에 쥔 사람들이 바닥에 앉아 있거나 드러누워 있다. 다행히 항공사에서는 이 시간되어서야 오늘 중으로 모든 분이 집에 갈 수 있도록 하겠다고 안내 방송을 한다. 집에 도착하니 밤 9시가 다 돼가고 있다. 오늘따라 애들 엄마 눈이 유난히 동그랗다.Ω

백두대간 육십령에서 삿갓재까지

2006년 2월 25일 토요일
육십령 : 경남 함양군 서상면
삿갓재 : 경남 거창군 북상면

전주로 전출 근무 명령을 받다보니 서너 개월간 대간 종주를 못하였다. 다시 마루금을 이어가기 위해 집을 나서 전주 시외버스터미널에서 육십령을 경유하는 거창, 대구행 첫차에 몸을 싣다. 육십령에서 내리다. 7시 55분. 찬 가운 바람이 매섭게 불고 있다. 바지 내의를 입고 구형 오리털 파카를 갖고 오길 천만다행이다. 장구를 갖추고 대간 들머리를 오르다. 8시 1분. 비닐줄이 늘어져 있고 출입 통제 팻말이 붙어있다. 3월 1일부터 통제한다더니만 아마 입장료 내는 매표소를 이용하라는 뜻으로도 이해된다.

얼마 오르지도 안 했는데 숨이 차고 땀이 나서 차갑던 바람이 시원하게 느껴진다. 3개월을 쉬었다고 주행 체력이 이렇게 달라지는 것인가. 가끔 오른쪽 발목 앞쪽이 땅을 디딜 때마다 땡기고 뜨끔뜨끔 아파온다. 젠장 초장부터 이러니 과연 오늘 황점까지 무사히 주행할 수 있을까 걱정된다.

할미봉(산경표에 표시된 이름, 할미봉으로도 불림)에 도착하다. 9시 10분. 바람세기가 거세다. 사면팔방이 잘 조망된다. 조망 안내판이 가르키는 지리산 방향은 서부 능선 너머로 운무가 끼어 있어 아쉽게도 천왕봉이 조망되지 않는다. 땀이 마르며 으시시 추위가 느껴진다. 합미봉을 지나니 가파른 내리막길이 버티고 있다. 아이젠을 하지 않고 밧줄에 의지해 힘겹게 조심조심 내려가다. 10여 분이 걸려 내리막길을 벗어나니 이마에 땀방울이 솟아오르다. 서봉까지는 빙판길이 거의 없어 아이젠을 하지 않고 주행하다.

헬리포트에 도착하다. 10시 55분. 편안한 오르막이 이어진다. 음지에는 잔설이 눈에 띄나 등로에는 눈이 없어 가쁜 숨 내쉬며 서봉을 향하다. 남덕유산까지 2km를 가르키는 표지판을 지나다. 11시 54분. 식사를 하기 위해 바람이 덜 마주치는 등로 옆에 자리를 하다. 배낭에서 도시락을 깨내다가 사람 인기척 소리에 놀라 순간 움찔하다. 나보다 연배인 나홀로 산님 한 분이 뒤따라 올라 오고 있었다. 육십령을 9시경에 출발했다고 하니 나보다 1시간을 빨리 올라온 것 같다. 조금 더 오르면 식사하기 좋은 장소가 있고 여기서 식사하고 오르면 조금은 덜 힘들 것이라고 하였으나 배낭을 풀은 상태라 그냥 식사를 하다. 삿갓재 대피소에 예약은 안됐지만 침상이 비면 숙박을 할 계획이란다. 지금 뒤따르고 있는 사람이 5~6명 정도되는데 오늘 따라 사람들이 붐비지 않아 대피소 침상이 여유 있을 것이라고 말해준다. 나는 어제 전화로 예약을 하려 했더니 15일 전부터 시작하여 벌써 끝났다고 하여 숙박 계획을 접고 당일 종주로 변경했다. 삿갓재 대피소 숙박이 예약되었다면 대피소 1박 후 배재까지 주행하려 했었다. 골짜기 아래 덕유교육원을 내려다 보며 식사를 마치다. 나중에 황점으로 내려서서 택시로 서상 버스터미널까지 가며 기사 양반에게 들은 바로는 오늘 산행객이 의외로 없었다는 것이다. 주말에 산행객이 많을 때는 황점 매표소에만 관광버스 120대가 몰려 교통순경들이 동원되어 교통정리를 하느라 진땀을 뺀다고 한다. 버스120대면 사람수 5,000명 정도다. 승용차를 더한다면 엄청난 인파가 몰린다는 계산이다.

식사를 마치고 서봉을 향해 가파른 너덜 오르막길을 올라 서봉에 당도하다. 12시 53분. 갑자기 사람들이 붐비는 분위기다. 육십령에서 여기 서봉까지 오르는 동안 딱한 사람의 산님하고 마주쳤는데 여기서부터 남덕유산, 삿갓재를 거쳐 황점에 이르는 동안은 일정 간격으로 사람들과 자주 마주치게 된다. 사면팔방이 조망된다. 하늘에 가장 가까이 서있는 느낌이다.

조망을 마치고 남덕유산을 향해 철계단을 내려서니 눈길과 빙판길이 죽 이어진다. 아이젠을 하다. 계단을 내려 오며 스패츠 상단의 조임으로 인해 양쪽 발에 쥐가 나기 시작하더니 다리가 뻣뻣해지며 발을 내디딜 수가 없다. 스패츠 상단의 똑딱 단추를 풀고 자크를 반 쯤 내린 채로 주행을 시작해보지만 쥐가 좀체 풀리지 않는다. 오른쪽 발등도 뜨끔거리고 이것 참 난감하다. 쌍스틱을 찍으며 아장걸음으로 한 발 한 발 내딛으 니 쥐가 조금은 풀리는 것 같고 발등 통증도 약간은 덜 느껴진다. 항상 느끼지만 쌍스틱에 의지하지 않는다면 장시간 산행시 다리 관절 고통이 더 심할 것이다.

남덕유산 오름 갈림길에 도착하다. 1시 46분. 월성재로 그냥 내치려다 나중에 후회할 것 같아 남덕유산 정상을 다녀가기로 하다. 여러 산님들이 내려오고 있다. 눈 덮힌 된비알은 마치 토리노 동계 올림픽 봅슬레이 코스같다. 한 여성 산님이 아이젠도 하지 않은 체 동반자의 손을 잡고 뒤뚱뒤뚱 아슬아슬하게 내려오고 있다. 가쁜 숨 몰아 쉬며 남덕유산 정상에 서다. 2시 13분. 사면팔방이 조망된다. 잠시 그리운 사람 얼굴을 그려본다. 조망을 마치고 되돌아 내려와 남덕유산 오름 갈림길에 이르다. 시간을 보니 왕복 600m거리를 오르내리는데 39분 걸린 것 같다. 월성재를 향해 부지런히 주행을 시작하다.

월성재에 도착하다. 2시 59분. 표지판에 과일 껍질을 버리지 말라는 경고문이 있는데도 귤 껍질이 군데 군데 눈에 띈다. 귤 껍질은 썩지도 않고 동물들이 먹지도 않는다. 버리지 않았으면 좋으련만. 등로에 눈이 녹아 있고 질퍽하여 아이젠을 벗어버리고 주행을 하다. 언덕마루가 나타나며 다시 내리막 눈길이 보인다. 앞쪽에서 올라서는 산님의 등산화를 보니 아이젠을 하지 않고 있다. 그래도 미심쩍어 그 산님에게 앞길 상황이 아이젠을 안 해도 되느냐고 묻자 그 산님 하는 것이 좋다고 답하다. 그러나 귀찮은 생각이 들어 조금 더 주행한 후 아이젠을 할 요량으로 몇 걸음을 내려서다가 그만 미끄러져 벌러덩 큰대자로 하늘을 보고 나자빠졌다. 나중에 집에 와서 보니 600ml 스댄 보온밥통이 쭈그려 들었다. 남의 말 잘 새겨 듣지 않아 낭패를 본 것이니 세상 이치가 다 이렇지 않을까 생각해본다.

삿갓봉 갈림길을 통과하다. 4시 36분. 삿갓재대피소가 얼마 남지 않았다. 일몰 전에 황점에 당도하는지. 눈길이 이어진다. 스틱을 찍으니 스틱 길이만큼 눈밭속으로 푹 들어 간다. 앞서 럿셀했을 사람들은 눈이 무릎까지 빠졌을 것 같다. 왼쪽 아래로 저수지가 내려 보인다. 지도상

양악 저수지 같다.

삿갓재 대피소에 도착하다. 5시 4분. 몇 분의 산님이 간식을 먹은 후 황점으로 하산한다. 배재 방향에서 도착한 몇 분의 산님이 공단 직원에게 예약된 침상이 안 차면 좀 달라고 부탁을 한다. 백도 한 캔을 사먹으려고 했었는데 안 판단다. 군침이 돌았는데. 탄산음료를 한 캔 사서 배낭 속 비상 식량을 몇 점 꺼내 함께 먹다. 찬바람이 점점 매서지고 기온도 점점 낮아질 것 같아 자켓을 벗어 배낭에 넣은 후 대신 구형 오리털 파카를 꺼내 입고 하산을 준비하다. 공단 직원이 황점에서 거창 대구 방향 버스 막차 시간이 6시 20분이란다. 황점매표소까지 1시간 걸린다고 했으나 나는 실제 1시간 54분이 걸렸다.

계단길을 내려서서 너덜 계곡길을 내려간다. 아까 방심하다 미끌어 진 관계로 아이젠을 한 채 한참을 너덜길을 내려가나 빙판길이나 눈길은 나타나지 않아 아이젠을 벗다. 주위가 차츰 어두워지기 시작한다. 이 시각에 많은 무리가 오르고 있다. 해드램프를 한 후 평탄길을 내려오니 콘크리트 포장도로가 나타난다. 황점매표소에 도착하다. 6시 58분. 택시를 콜하다. 장계까지 가서 전주행버스를 타려 했으나 기사 양반이 서상버스터미널에서 8시 전주행 막차를 타라고 권유하기에 그렇게 하다. 서상터미널에는 겨울비가 내리고 있다. 전주시외버스터미널에 내려 늦은 저녁식사를 마친 후 원룸에 도착하니 10시 30분이다.Ω

백두대간 영취산에서 육십령까지

2005년 11월 19일 토요일
영취산 : 경남 함양군 서상면
육십령 : 경남 함양군 서상면

승용차를 이용해 경부고속도로, 중부고속도로를 경유하여 장수IC로 빠져 나와 장수군 장계면에 도착하다. 면 소재지 김밥 집에서 우동으로 간단히 요기하고 김밥 두 줄을 사서 배낭에 챙긴 후 다시 승용차를 달려 장수 무령 고개를 찾으려 했으나 중간에 길을 잘못 들어 잠시 헤맨 후에 무령 고개 주차장에 도착하다. 집을 출발한지 3시간 55분 소요. 절개지 가파른 언덕을 오르다. 12시 20분. 무령 고개 절개지 구간은 장수군 장계면과 번암면의 경계 지역으로서 743번 도로의 일부분인데 비포장도로다.

영취산 정상에 올라서다. 12시 35분. 해발1,076m. 육십령까지 12.8km. 중치까지 8.2km. 백운산 쪽에서 산님 한 분이 막 도착하더니 나에게 사진 한 장 찍어달라고 부탁한다. 이어서 일행인듯한 젊은 산님 한 분이 도착하다. 그들을 뒤로하고 육십령을 향해 출발하다. 완만한 내리막 능선 길에 산죽밭이 이어진다. 능선 안부 양쪽이 급경사를 이루고 있다. 사람 키를 넘는 관목 숲도 이어진다. 바람이 살랑 살랑 불고 기온이 차갑게 느껴진다. 영취산에서 만났던 두 산님이 앞서나간다. 전망대에 서니 논개 생가 쪽에서 부부 산님이 오르고 있다. 덕운봉이 바라보이는 능선 길을 지나다. 1시 19분. 덕운봉 뒤로 제산봉이 버티고 서있다. 암릉을 지나니 다시 산죽밭이 이어진다. 사람 키를 넘고 있다. 아까 앞섰던 두 산님이 영취산 방향으로 다시 되돌아 오고 있다. 내리막 산길에는 흙이 얼어 있고 무덤이 간간히 눈에 띈다.

논개 생가와 경남 옥산리 갈림길을 통과하다. 2시 15분. 잠시 후 977.1봉에 당도하다. 봉을 조금 내려서서 식사하다. 낙엽이 바싹 말라 있고 푹신하다. 쌀쌀한 공기와는 달리 낙엽은 따스함이 배어 있다. 아내가 보온통에 담아준 콩나물국을 따라 마시다. 아내와 통화하다. 등산 지도를 들여다 보다. 육십령까지 2시간 55분 소요되는 것으로 되어 있다. 저수지 오동제가 내려보이는 안부 능선에 서다. 3시 20분. 대전 통영간 중부고속도로가 육십령 쌍 터널을 뚫고 길게 뻗어나가고 있다. 사람 키를 넘는 억새풀이 이어지고 있다. 민령을 미처 확인하지 못한 채 그냥 지나치다. 깃대봉을 향해 진행하던 중 전망대가 나타나고 동남쪽으로 경남 옥산리를 관통하고 있는 중부고속도로가 내려다 보인다.

깃대봉 정상에 서다. 4시 1분. 해발 1014.8m. 육십령까지는 2.5km. 977봉까지는 3.5km로 되어있다. 깃대봉 조망 안내판에 서봉, 합미봉, 남덕유산이 소개되어 있다. 안내판에 기록된 글귀. '덕유산은 전북무주군과 장수군, 경남 함양군과 거창군에 걸쳐있다. 북덕유에서 무룡산과 삿갓봉을 거쳐 전방에 바라다보이는 남덕유에 이르는 주 능선 길이만도 20km를 넘는 거대한 산이다. 합미봉은 기암 괴봉의 운치와 산봉우리를 중심으로 하여 계절이 바뀔 때마다 형형색색으로 변하여 등산객의 마음을 사로잡는다'라고 기록되어 있다. GPS용품 사이트에서 설문 조사를 했는데 백두대간 전 구간에서 가장 험하고 힘든 구간으로 점봉산 암릉을 1위, 덕유산 합미봉부근과 속리산 문장대 지나서를 2위, 그 다음으로 조령산 암릉과 황철봉 부근 너덜지대로 대답하고 있다. 합미봉이 바로 눈 앞에 보이는데 등산 지도 상으로는 2시간 30분이 소요된다고 되어 있다. 깃대봉을 내려서니 갈대 숲 사이로 헬리포트가 자리하고 있다. 대간 리본들이 달려 있는 등로가 안부 능선 길을 벗어나 자꾸 동쪽 방향을 향하여 지도를 꺼내보고 GPS를 손에 쥔 채로 진행하다. 대간 마루금을 정확히 가르키고 있다. 깃대봉 샘터에 당도하다. 4시 23분. 육십령에 내려서다. 5시 6분. 콜택시를 부르다. 10분 후에 도착하겠다고 한다. 26번 국도가 지나고 있다. 충령탑이 있고 휴게소가 있다. 다음 구간 들머리를 확인하니 불조심 기간으로 출입 통제선을 설치해 놓았다. 콜택시를 타고 무령 고개 주차장에 도착하다. 5시 41분. 택시요금은 25,000원. 다음 구간 들머리 접근 방법을 구상하다. 서울 남부터미널에서 장계까지는 고속버스로 이동하고, 장계에서 출발하는 직행 버스가 육십령에서는 세워주지 않는다고 하니 택시로 이동을 해야 할 것 같다. 장계에서 육십령까지는 택시로 10분거리 요금은 10,000원. 장계에는 모텔이 두 곳이 있다. 종마장과 유통창고 공사로 투숙객이 많은 관계로 미리 예약을 하는 것이 좋단다.Ω

한남정맥 칠장산에서 가현치까지

2005년 12월 24일 토요일
칠장산 경기 안성시 죽산면
가현치 경기 안성시 보개면

백두대간 종주 중 입산통제 기간이라 육십령에서 막혀 한 달여 동안 입산을 하지 못했다. 호남 서해안 지방이 온통 폭설 피해를 입었다는데 복구 지원도 못 가면서 산을 탄다는 것이 송구스러워 당분간 대간 종주는 쉬는 것이 나을 것 같다. 그래서 오늘은 한남정맥 처음 구간인 칠장산부터 갈현치 구간을 종주하기로 하다. 아침 6시 40분에 집을 나서 승용차로 이동하다. 경부고속도로 안성IC를 빠져나와 38번 국도과 17번 국도를 달려 8시 27분 칠장사 제2주차장에 도착하다. 출발 준비를 마치고 8시 56분 들머리에 접어들다. 비탈진 산죽 길이 이어진다. 오르막길에 눈이 쌓여 있어 몇 번을 미끄러지다. 아이젠을 준비했지만 빙판길이 아니어서 착용을 생략하다. 쌓인 눈 위로 사람 발자국은 안 보이고 야생 동물의 발자국이 이어지고 있다. 가현치까지 이어지는 정맥길 눈길에는 가끔 갈림길에 사람 발자국이 언뜻 보이기도 하고 동물 발자국은 계속 이어지고 있는데 이 동물 발자국이 오늘의 길잡이 역할을 하고 있다. 눈 위에 난 발자국을 보며 옛 선인의 말씀을 되새겨본다. 눈 덮인 들길을 걸어 갈 제 함부로 걷지 말라 오늘 남긴 내 발자국이 뒷사람의 길이 되리 (踏雪野中去 不須胡亂行 今日我行跡 遂作後人程)

한남정맥, 한남금북정맥, 금북정맥 갈림길에 도착. 9시 41분. 관해봉 표지석에 도착하다. 9시 53분. 칠장산이라는 표찰이 나뭇가지에 걸려있는데 조금 헷갈린다. 지도상으로는 칠장산 이고 관해봉은 조금더 가야 하는 것 아닌지. 아무래도 표지석이 잘못 설치된 것 같기도 하고 여하튼 지도표지와 현장이 다른 것 같다. GPS좌표로도 칠장산 같다. 발목까지 빠지는 눈 덮인 능선길 위로 동물 발자국이 이어지고 있다. 오른쪽으로는 철조망이 쳐져 있다. 관해봉을 지나서부터 계속 이어지고 있는데 골프장 경계표시 같다. 도덕산 정상에 서다. 11시 32분. 맞은편에서 오는 7명의 종주팀과 만나다. 무심코 눈길 위의 동물 발자국을 따라가다 조금 이상해서 GPS로 현 위치를 확인하니 정맥길을 벗어나 있다. 정맥길을 벗어난 동물 발자국을 따르다 20여 분 정도 알바를 하다. 가현치 도착하기까지 너댓 번의 짧은 알바를 하게 된다. 정맥길 좌우로 지나는 사람 발자국을 따르다가도 잠시 알바를 하게 된다. 녹배재를 지나다. 12시 26분. 채석장 절개지를 내려와 38번 국도를 건너 만남의 광장 휴게소에 이르다. 12시 50분. 식당에 들려 칼국수로 요기를 하고 서둘러 출발을 하다. 일몰 전에 가현치에 당도해야 하는데 마음이 바빠진다. 식사 후 밖으로 나와 들머리를 찾아 기웃거리니 38번 국도변 절개사면에 안성 방향으로 철계단길이 보인다. 다른 쉬운 길도 있으련만 그냥 계단을 오르기로 하다. 거의 수직에 가까운 계단을 오르니 종주 리본이 보이고 정맥길이 이어진다. 올라온 계단을 내려다보니 현기증이 난다. 군시절 유격 훈련 때 깊은 계곡 위로 외줄 타던 기억이 나다. 권하고 싶지 않은 길이다. 휴게소 뒷길을 이용하는 것이 좋을 것 같다.

2시 4분 복지회관 뒤편으로 내려서니 도로가 나타난다. 들머리를 찾아 도로를 따라 내려오다 아무래도 아니것 같아 다시 뒤돌아 복지 회관 쪽으로 향하다가 왼쪽 저수지 쪽 포장도로에 올라서서 동진을 하니 가옥과 축사 뒤편으로 종주 리본이 보인다. 20여 분간 들머리를 찾느라 더듬거리다. 터울 고개 포장도로 통과. 2시 37분. 언덕을 올라 포장도로와 나란히 가는 능선길을 따라가니 음식점이나 혹은 전통 찻집으로 보이는 가옥이 나타나고 길이 막혀 다시 포장도로로 내려서다. 어떻게 된 것이 인적이 드문 산 중턱에 음식점을 차려 놓았을까. 음식점에서 시커먼 개 한 마리가 뛰쳐나와 계속 짖어댄다. 도로 위까지 쫓아 나와 안 보일 때까지 계속 짖어댄다. 다시 등로로 접어들어 완만한 비탈길을 올라 국사봉 아래 능선길에 다다르다. 3시 48분. 국사봉 정상은 정맥길에서 비켜있다. 왕복하는데 시간이 다소 걸릴 것 같아 그냥 통과하다. 눈밭에 뽑혀진 새 깃털이 얼어붙어있다. 어찌된 사유일까. 가현치가 멀지 않았다. 승용차를 주차시킨 칠장사까지는 택시로 이동할 수 밖에 없을 것 같다. 콜택시를 수배하다. 헬기 포트 같은 평평한 공지에 도착하다. 2시 13분. 잠시 간식 시간을 갖다. 이너 장갑을 낀 채로 간식을 먹는데 손이 시럽다. 보온통 뜨거운 물을 따라 마신 후 서둘러 출발을 하다.

상봉을 향해 10분 정도 주행을 하고 있는데 바라클로바로 귀를 가려서 인지 조금은 희미하게 순간적으로 뒤에서 씩씩거리는 소리가 점점 가까이 들려 온다. 뒤를 돌아보니 송아지만 한 개 두 마리가 달려오다 내가 돌아섬과

동시에 멈춰 서면서 그 탄력으로 다리가 미끄러지고 있는 상황이다. 불과 1m 앞. 앞선 놈은 진돗개 같기도 하고 잡종개 같기도 하고 뒤에 선 놈은 사냥개 같다. 토실토실 살이 찐 몸집이 대단하다. 순간 숨이 막히고 온 몸이 굳어지며 뒷골이 송골해지며 뒷머리가 쭈뼛해짐을 느끼다. 개 목걸이를 하고 있는 것을 보니 들개는 아니고 집에서 사람 손에 의해 키워지고 있는 것 같은데 주인이 줄을 풀어 놓은 것인지 줄을 끊고 뛰쳐나온 것인지. 사냥개 같이 생긴 놈은 목걸이에 가죽 손잡이가 달려 있다. 주인이 근처에 있는 것인지. 긴장되는 순간이다. 숨을 가다듬으며 언뜻 생각으로 내가 이 놈들의 갈 길을 막은 것 같아 뒷걸음으로 등로 옆으로 비켜서다. 혹시 모를 놈들의 공격에 대비해 나무에 오르려고 주위를 살펴보니 마른 등걸에 잡목 뿐이다. 뒤에 선 사냥개는 긴 헛바닥을 길게 내린 채 헉헉거리며 나를 쳐다보고 있고 앞선 잡종개는 제자리에서 좌우로 움직이며 나를 힐끔힐끔 쳐다보다 뒷발을 올린 채 오줌을 두 번 정도 싸는 것 같다. 이 행동은 무엇을 뜻하는 것인지. 자기 영역에 왜 침범했느냐는 항의 표현인지. 나는 쌍스틱을 바닥에서 약간 띤 채 두 녀석을 번갈아 바라보고 있다.

어릴 적에 동네 개한테 물렸던 기억이 되살아나고 있다. 만약에 공격을 받는다면 쌍스틱으로 방어를 해야 하는데. 방금 사과를 깎아 먹은 후 배낭 속에 넣어둔 작은 손칼이 생각난다. 이 녀석들 짖지 않는 것을 보니 공격 의사가 없는 것 같기도 한데…. 최악의 상황으로 맞짱을 뜬다면 한 마리정도라면 사생결판을 내겠는데 두 마리라서 이를 어쩐담. 침착하자. 녀석들이 알아먹던 못 알아먹던 나에게는 너희를 공격할 의사가 없음을 알리고 내 갈길 갈 테니 너희들도 빨리 집에 가던지 주인에게 가라는 표시로 몸을 몇 번 가현치 진행 방향을 향해 보였다. 1~2분 정도의 대치 관계. 갑자기 잡종개 녀석이 몸을 뒤로 돌려 왔던 길로 달려가자 사냥개 녀석도 뒤따라 달려간다. 비호를 본 적은 없지만 정말 비호처럼 눈 깜짝할 사이에 시야에서 사라진다. 눈 쌓이고 잡목이 무성한 산길을 어떻게 저렇게 비호처럼 질주할 수 있을까.

띵해진 머리를 흔들어 정신을 가다듬고 다시 가현치를 향하다. 저 녀석들 마음이 변해서 다시 쫓아오지 않을까. 몇 마리 더 데리고 다시 따라 붙지 않을까. 불안한 마음이 가시지 않는다. 나 홀로 산행의 위험을 새삼 느낀다. 몇 번이고 자꾸 뒤돌아보며 걸음을 재촉하다보니 이내 숨이 가빠진다. 말 그대로 걸음아 나 살려라. 정신없이 내 달다. 자꾸 고개가 뒤로 돌아 간다. 앞으로도 나 홀로 산행을 계속해야 할 것인지. 정말 혼비백산한 순간이었다. 산행 중 멧돼지와 마주쳤다는 산행기는 그 동안 몇 번 읽었지만 산 중에서 들 개를 만났다는 이야기는 미쳐 접해 보지 못했다. 나 홀로 산행을 해오면서 멧돼지를 만나면 어떻게 해야지, 뱀과 마주치면 어떻게 해야지 하는 예상 매뉴얼을 항상 생각해 왔는데 오늘 같이 송아지만 한 개를 만나리라고는 미쳐 생각지 못했다. 사실 오늘 처음 밟은 한남정맥길 중간 중간 포장도로를 지나 등로로 다시 진입하면서 개소리를 많이 들었다. 한 선행기 중에 유난히 개가 많은 구간이라고 했는데 정말 그런 것 같다.

어느덧 가현치가 가까이 다가선 것 같다. 나무 사이로 천주교 공원묘원이 보인다. 날머리는 묘원을 왼쪽 뒤로

한 채 도로로 이어진다. 저 멀리 눈 덮인 덕산저수지가 바라보인다. 드디어 가현치 마루로 내려서다. 4시 53분. 다음 구간 들머리를 확인한 후 공원묘원 입구로 이동하여 안성시 콜택시를 부르다. 칠장사까지 미터 요금 지불하다. 아내와 전화 통화를 한 후 집을 향해 출발하다. 그러고 보니 오늘이 크리스마스 이브날이다. 새벽에 집을 나설 때는 잘 몰랐다. 가족들과 함께 하지 못해 미안한 마음이 든다.Ω

백두대간 치재에서 영취산까지

2005년 11월 5일 토요일
치재 : 전북 장수군 번암면
영취산 : 경남 함양군 서상면

교육이 끝나는 날이고 컴퓨터 교육까지 다녀오는 날이기에 육체적으로 쉬고 싶은 마음 간절하다. 출발 전 눈을 좀 붙이려 하지만 잘 안된다. 침대 위에서 뒤척이다 집을 나서다. 아내의 걱정스런 배웅을 받으며 수원역행 버스를 타다. 수원역에서 밤 11시 18분 무궁화호 야간 열차를 타다. 오늘 따라 빈 좌석이 없고 입석표를 산 사람도 서너명 서서 간다. 옆 좌석에서 좌석 번호로 잠시 실강이를 하는 소리가 나다. 기차 선반 위에는 산님들의 배낭이 다수 보인다. 핸드폰에 알람 시간을 조정해 놓고 잠을 청해보지만 잘 안된다. 비몽사몽 하다가 정신을 차리니 2시 30분을 넘기고 기차는 오수역에 정차한다. 잠시 후면 남원역이다. 2시 53분에 남원에 도착하다. 남원 역사는 시 외곽에 새로 세워진 지 얼마 안 되 아직 노선 버스가 아직 다니지 않는다. 버스를 이용하여 시내로 이동하기 위해서는 20~30분 떨어진 버스 종점까지 도보로 가야한다. 버스를 이용할 상황은 아니다. 역사 앞에 줄지어 있는 택시를 하나 잡아타고 오늘의 들머리 지점인 짓재 마을 치재의 위치를 아느냐 묻고, 요금을 물으니 자세히는 모르지만 복성이재 근처 아니냐며 일단 타란다. 시내 김밥 집에 들러 우동 한 그릇 시켜 먹고 나머지 국물을 집에서 가져

온 보온통 속의 뜨거운 물을 비우고 채우다. 김밥 두 줄을 사서 배낭에 넣고 다시 택시로 치재를 향해 출발하다. 88 올림픽 고속도로를 쏜살같이 달리다. 단숨에 짓재 마을에 당도하여 민박 집을 지나 치재로 이어지는 시멘트포장 임도를 달려 치재 들머리에 도착하다. 3시 50분. 미터기가 40,800원을 가르키고 있다. 지난 종주 때 치재를 떠나며 입력했던 지피에스GPS의 고투GOTO 좌표가 정확하게 방향표시를 하다. 집에서 이 지점까지 7시간 35분 소요. 종주의 시작은 산행 들머리가 아니고 집을 나서면서부터 인 것 같다. 안전 산행이란 집을 출발하여 건강하게 다시 집에 도착해야만이 비로소 진정한 산행이 끝나는 것이다 라는 말에 십분 동감한다.

치재를 출발하다. 새벽 한밤중 3시 55분. 헤드랜턴 (3.5W)을 걸치고 손 랜턴(3W)를 배낭 오른쪽 끈에 장착하고 불을 밝히니 대낮처럼 밝다. 몇 번의 새벽 산행, 야간 산행을 하고 나서 헤드램프와 손랜턴을 최대한 밝은 것으로 바꿨다. 디카를 배낭 끈에 동여매고 쌍스틱을 조정하다. 장시간 종주시 스틱은 두 발과 같다. 스틱을 이용하는 장점은 등산뿐만 아니라 평판한 지역에도 좋다. 보통 산행 시 8시간 동안 스틱을 효율적으로 사용하였을 경우 하루 여행 동안 관절과 척추에 가해지는 힘 중 약 250톤의 힘을 감소해 주는 효과를 발휘한다고 한다.(8시간 사용 시 104톤, 오르막길 224톤, 내리막길 274톤, Dr.Neureuther) 또한 보행시 1구간(30분 걷고 5분 휴식)에서 5분 정도 시간을 단축시키는 효과가 있다고 한다. 하산길을 스틱 없이 달리듯이 내려가는 사람이 있는데 이런 습성은 좋지 않다고 본다. 실제 젊었을 때 날아다녔다는 전문 등산인들이 노년에 관절통으로 고생하는 경우가 많다고 하던데 아마 산행 습관과 무관하지 않는듯하다.

갈대와 잡풀로 덮혀 있는 계단길을 오르다. 하늘에는 별들이 총총이 박혀있다. 일기 예보에는 흐린 후 비가 온다고 했다. 등산 지도에는 치재에서 봉화산까지 1시간 10분정도 소요된다고 했다. 내 걸음은 대개의 경우 20% 정도 더 소요되니 1시간 20~30분 소요되리라. 어둠으로 인해 봉화산 가는 길 풍광을 볼 수 없어 아쉽다. 봉화산이 철쭉 축제로 유명한 산이라 했는데. 구간구간 허리춤 크기, 사람 키 크기 등 높낮이가 다양한 철쭉과 억새 풀숲을 지나 봉화산 오르막 언덕에 이르다. 3구간 정도에 돌로 계단을 조성했는데 첫 구간은 그냥 지나치고 두 번째 구간의 계단 수를 헤아리니 160여 개가 되고 첫 구간은 두 번째 구간보다 계단 수가 많은 것 같다. 세 번째 구간 60여 개가 된다. 뒤를 돌아 보니 어둠 속에 별빛으로 어슴프레 보이는 구릉에 억새 숲이 널려 있는 듯하다.

봉화산 정상에 서다. 새벽 5시 18분. 해발 919.8m. 치재 출발 후 1시간 23분 소요. 사방은 칠흑처럼 어둡고 하늘에는 별들이 총총하여 금시라도 땅으로 떨어질 것 같다. 바람이 살랑살랑 분다. 땀이 식으며 약간 쌀쌀함을 느낀다. 산아래 먼 발치로 동네 불빛들이 보인다. 일출이 6시 55분이니 해가 떠오르려면 아직 멀었다. 정상을 내려서서 주행을 계속하다. 안부 능선에는 억새로 뒤덮혀있는 것 같다. 하늘을 올려다 보며 가족들의 얼굴을 그려본다. 수능 시험을 앞두고 있는 딸의 얼굴. 전방 지피GP 초소에서 북쪽을 응시하고 있을 아들의 눈매가 삼삼하다. 지난 주말 면회 시 늠름한 이등병 군복을 입은 아들의 모습이 대견해 보였건만 며칠 전 보도된 또 다른 지피GP 사고 소식이 떠올라 마음이 편하지가 않다. 우리 세대에 빨리 통일을 이룩하여 이 나라 젊은이들이 그 뜨거운 열정을 이 나라 이 겨레를 세계 일등 나라 일등 국민을 만드는데 쏟아 부어야 하지 않겠는가. 수 많은 민족과 국가를 피폐시키고 패전국가였던 일본은 지금 떵떵거리며 잘 살면서 이웃 나라를 업신여기는데 우리 한민족은 강대국들의 논리에 종속해서 살아가고 있는 이 시대의 현실에 속 터져 죽겠다. 남북 공동 통일 염원 민족 행사를 매년 정기적으로 상설해 나가면 어떨까. 소니 노트북을 사용하다 며칠 전에 삼성 노트북으로 바꿔버렸다. 일본만 생각하면 머리 뚜껑이 열리려 한다.

지도 상에 표기된 944봉인듯한 봉우리를 지나다. 6시 18분. 어둠이 서서히 거치고 있다. 산새들이 놀라 푸드득 새벽 하늘로 날아 오른다. 단잠을 깨워 미안하다. 내리막 돌길이다. 6시 29분. 배낭에 매단 손 랜턴을 끄고 헤드 램프만 켠 채 주행하다. 광대치에 도착하다. 7시 37분. 억새 숲은 지나가고 오르막길이 이어지다. 월경산을 앞두고 철 조망이 나타나다. 월경산을 오른쪽 먼치로 바라보며 대간 길은 이어진다. 등산 지도에는 중재를 앞두고 산사태 지역이 있다고 하던데 확인 못한 채 지나치다. 산죽 지대가 잠시 이어지다.

중재에 도착하다. 9시 12분. 갈림길 이정표에는 중치로 돼있다. 해발 650m, 백운산 4.6km, 복성이재 12.1km를 가르 키고 있다. 원룸식 중기 민박집을 알리는 전단지가 나뭇가지에 걸려있다. 치는 일본인들이 고개 대신 붙인 이름이라고 한다. 일본인이 붙인 '북한산'이 본래 이름인 '삼각산'으로 고쳐지듯 '-치'는 '-재'나 '-고개'로 고쳐져야 한다. 따라서 중치도 빨리 '중재'로 바뀌어야 한다. 소관 면사무소에 이야기를 해야겠다. 조금 오르니 산죽 지대가 펼쳐진다. 중고개재를 앞두고 잠시 길을 잘못 들어서다. 오른쪽으로 90도 꺾어야 되는데 직진을 하다 보니 잡목이 나타나 전진을 할 수 없어 다시 왔던 길을 되짚어 나오다. 매번 깨닫지만 가다가 길이 아니다 싶으면 빨리 왔던 길을 되돌아 나와야 한다. 이 결정은 즉각적이고 빠를수록 좋다. 잠시 후 백운산 정상에서 주행 방향을 잘못 잡아 1시간 10분 정도를 알바를 했는데 틀린 방향으로 인지가 되면 즉각적인 결정을 하여 올바른 방향으로 되돌아가야 한 다.

중고개재를 지나다. 10시 12분. '고개'와 '재'가 같은 뜻인데 왜 이렇게 불리는지. '역전앞'과 같이 말이다. 백운산 오르막길은 다소 가파르지만 참 편한 오르막길이다. 흙길로 이어지는 오르막 길이 동네 뒷산처럼 친근감이 느껴진다. 지난번 치악산을 다녀온 후 곧바로 이어진 산행길이라서 그런지 더욱 그렇다. 오죽해야 치가 떨리고 악이 바치는 산이라고 해겠는가. 백운산 마지막 오르막길을 오르는데 한 젊은 여인이 홀로 내려온다. 오늘 종주 중 처음 마주치는 사람이다. 잠시 이야기를 나누다. 나홀로 대간종주한다고 하자 신기해 한다. 아래 동네에 살지만 이 곳 산행은 처음이란다. 나도 신기해 했다. 올라온 길이 어떤지 묻길래 내게는 편안한 길이라고 했는데 잘 말했는지 모르겠다. 백운산 정상에 서다. 11시 43분. 해발 1,278.6m. 정상에는 헬리포트가 있고 지리산 주능선 안내 전망대가 설치되어 있다. 6명의 산님들이 헬리포트에 앉아 식사를 하고 있다. 한 켠에서는 2명의 산님이 역시 식사를 하고 있다. 안내 전망대의 지도가 가르키는 방향에 천왕봉이 보인다. 약간 보얀 안개 속에 보이는 천왕봉이 정말 반갑다. 안개 없는 청명한 날씨였다면 보다 더 선명하게 보였을 텐데 아쉽다.

이 곳 정상에서 식사를 할까 하다가 조금 내려서서 하기로 하고 리본이 달려 있는 방향으로 내려서다. 천왕봉이 바라보이는 전망 좋은 암봉에 자리 잡고 우동국물과 함께 김밥을 먹다. 등산화를 벗고 양말을 벗어 발에 배인 땀을 말리다. 아주 시원하다. 천왕봉을 바라보고 있자니 시커먼 구름이 몰려와 지리산 주능선을 덮어버린다. 아무래도 저 구름이 이곳으로 몰려올 것 같다. 오늘 바람 방향이 남서 후 북서라 했는데. 서둘러 배낭을 챙겨 일어서다. 리본이 달려 있는 내리막 등로를 따라 주행을 하다. 산님 두 분이 앞서 가며 혼자 산행하냐며 인사를 건네다. 하산 길을 안내하는 이정표가 나타나다. 영취산이니 무령 고개니 하는 지명은 없다. 다시 한참을 가니 다시 하산길을 알리는 이정표가 나타나다. 역시 영취산이니 무령 고개니 육십령이니 하는 지명은 없다. 아차 대간길을 벗어났구나. 그때야 깨닫고 부랴부랴 지도를 꺼내보고 배낭 왼쪽 어깨에 매단 지피에스GPS를 꺼내 지도 화면을 확인하니 아닌게 아니라 1km 이상을 벗어나 있다. 그러면 백운산 정상에서 이곳까지 걸려 있던 리본들은 무엇이지. 발길을 돌려 백운산을 향해 되짚어 오면서 리본을 확인하니 백두대간 리본은 한 점도 없다. 이런 젠장 백운산 정상에서 방향을 확인도 하지 않고 리본이 많이 걸려있기에 이쪽 방향으로 주행을 했는데. 전부 낯 설은 지역 산악회의 리본들이다. 그동안 대간을 주행하며 눈에 익은 종주리본들이 꽤 된다. 광대치를 지나면서 오늘의 주행속도와 시간을 계산해 보니 날머리인 무령 고개에 오후 2시 전후에 도착할 것 같았다. 그러면 장계터미널에서 서울 남부터미널행 버스를 당초 계획인 4시 50분이 아닌 3시로 앞당겨 탈 수 있겠거니 했는데 물건너 가버렸다. 순간적인 방심이 큰 탈을 불러 올 수 있음을 새삼 느꼈다.

발걸음을 되돌려서 백운산 정상으로 다시 돌아오다. 12시 53분. 정상석 앞에서 두리번거려 살펴보니 이정표에 백두대간 방향(깃대봉 방향)이 표시되어 있고 그 방향에 백두대간 리본도 걸려 있다. 이런 어처구니 없는 실수를 매번 반복 경험을 하는데 앞으로는 조금 더 긴장을 해서 주행을 해야겠다. 등산 지도에는 영취산까지 1시간 55분 소요된다고 표시되어있다. 내걸음 속도로는 영취산에 3시 넘어 도착할 것 같다. 정상을 내려서서 영취산을 향하는 길은 산죽 숲으로 계속된다. 허리춤 크기, 사람 키 크기, 사람 키를 넘는 크기의 산죽 숲이 한참 이어진다. 두 분의 아주머니들이 맞은편에서 올라서며 인사를 건네다. 간편한 차림이다. 어깨가 뻐근해 온다. 집을 나설 때 배낭 무게가 10kg정도였다. 무게를 줄여보려고 하지만 보온통 2개와 물통 무게가 있기에 크게 줄일 수는 없다. 배가 출출하여 길가에 앉아 쵸코파이를 꺼내먹다. 집에서 담아온 0.5L물통의 물을 다 마시다. 찬물은 조금이라 아껴 먹었다. 보온통의 남아있는 물을 0.5L 물통에 다 따라 넣다. 1L통은 배낭 밖에 부착하기에는 조금 크다. 0.5L물통을 하나 더 마련해야 하겠다.

영취산에 서다. 2시 43분. 해발1,076m. 지도에는 1,075.6m라고 되어 있다. 육십령까지는 12.8km, 중재까지는 8.2km라고 안내 하고 있다. 영취산 0.4km 후방 아래 이정표에는 무령 고개 0.7km로 되어 있다. 서쪽 방향으로 보이는 내리막길에 리본들이 많이 걸려있다. 많은 대간꾼들이 이곳에서 끊고 하산했으리라. 영취산을 내려서며 콜택시를 부르다. 15분 걸린다고 했겠다. 무령 고개 포장 도로까지는 급경사 길이다. 다음 번 이어나갈 때 초입부터 꽤 힘들 것 같다.

무령 고개에 내려서다. 지도를 드려다 보니 영취산에서 금남호남정맥이 시작된다. 잠시 포장 도로를 타고 내려서니 의자를 갖춘 정자와 가게가 나타나다. 그 아래로 주차선이 그어진 잘 포장된 주차장이 나타나다. 의자에 앉아 등산 장구를 챙겨 배낭 안에 넣고 쌍스틱을 접어 배낭에 장착하다. 콜택시가 부른지 30여 분만에 도착하다. 장계터미널까지 15,000원이란다. 아랫마을까지는 10분정도 달려 내려온 것 같다. 장계터미널에서 이곳 아랫마을까지는 오는 아침 첫차가 6시 40분이고 30분정도 소요된다고 한다. 기사분이야기로는 11월 말부터는 눈이 오면 이 고개에는 차가 못 올라 온다고 한다. 내려오는 도로 옆으로 저수지가 있는데 수상 보트가 여러 대 보인다. 수상 보트장을 얼마전에 개장했단다. 장계의 특징을 물으니 논개의 생가가 있다고 한다. 장계터미널에 도착하니 3시 30분경. 백운산을 지나 알바를 안 했다면 남부터미널행 3시차를 충분히 탈 수 있었으련만. 표를 끊고 터미널 앞 장수 식당에서 순두부를 시켜 참으로 맛나게 먹다. 허름한 식당이라 기대를 안 했는데 아줌마 음식 솜씨가 대단하다. 남부터미널행 버스는 4시 50분 정각에 출발하다. 예매는 안 되고 무조건 선착순이란다. 무주를 거쳐 남부터미널에 예정대로 8시 20분경에 도착하다. 광역 버스로 갈아타고 정류장에 내리니 아내가 승용차를 갖고 나와 기다리고 있다. 남편 잘 못 만나 고생이 많다. 늦은 나이에 산에 미쳐 나돌고 있으니. 경비가 매번 종주에 10만원 정도 든다. 이 돈이면 우리 가족 그럴듯한 한 끼니 외식 값은 될 텐데. 집에 도착하니 9시 15분을 지나고 있다. Ω

백두대간 여원재에서 치재까지

2005년 10월 15일 토요일
여원재 : 전북 남원시 운봉읍
치재 : 전북 장수군 번암면

대간길 성삼재와 여원재 구간을 종주한 후 한 달 보름 여 만에 여원재와 치재 구간을 종주하다. 당초 가능한 매 2주 토요일마다 한 개 구간 종주 계획을 세웠으나 주말에 비온다는 일기 예보로 종주를 단념하다 보니 7주가 훌쩍 지나버렸다. 앞으로 대간길 가는 것은 가능하다면 날씨에 구애 받지 말아야 할 것 같다.

수원역에서 11시 18분에 여수행 무궁화 막차를 타고 남원역에 한밤중인 2시 53분에 내리다. 택시를 타고 남 원시로 이동하여 김밥 집에서 순두부 식사를 하고 김밥 세 줄을 사서 배낭에 넣은 후 다시 택시로 여원재까지 이동. 새벽길을 쏜살같이 달려 15분 정도 소요된 것 같다. 여원재 버스정류장에 3시 40분에 도착하다. 택시 요금 13,800원 지불.

여원재 버스정류장 나무 의자에서 산행 준비. 스패츠 착용(뱀 공격 대비). 헤드 랜턴, 손 랜턴 준비, GPS리셋, 디카를 배낭에 부착, 쌍스틱 조정, 물백 호스를 꺼내 배낭 끈에 부착 등 이래저래 준비에 20분 정도 소요.

연원재를 출발. 새벽 4시 정각. 남원 쪽 방향으로 10 여 m를 진행하여 대간길 들머리에 오르다. 칠흑같이 컴 컴한 새벽길이다. 날씨는 약간 쌀쌀한 정도. 바람은 느껴지지 않는다. 관목숲 사이로 마을 불빛이 은은하게 보인다. 새벽 일출 전 산행은 처음이다. 주위 경관을 보지 못하고 불빛에 의지해 길따라 나뭇가지에 달린 종주 리본따라 혼자 걸어 간다. 도대체 이 시간에 왜 이 길을 가는 것일까. 백두대간 종주를 시작하면서 종주 목표나 캐취 플레이즈를 정하려 하지만 마땅히 생각나지가 않는다. 리본에 보면 무슨 기념 종주니, 무슨 행사 성공 개최 기원 종주니 그러던데 말이다. 그 냥 대간길이니 가는 것이다. 무덤을 지나 밭두덩으로 내려서서 마을 포장길을 따라가니 다시 오르막 길이 나온다.

사진을 찍으려 해도 아직 너무 어둡다. 가는 길 가끔 굴곡이 큰 지점에서 잠시 머뭇거리나 이내 종주리본이 눈에 띠어 대간길을 벗어나지 않고 주행을 할 수 있다. 밝은 낮에는 나뭇가지에 걸린 종주리본들이 자연보호 차원에서 눈에 약간 거슬리더니만 칠흑 같은 어둠 속에서 나 홀로 산꾼에게 길잡이 노릇을 톡톡히 하고 있어 선행자들에게 고마움을 느낀다. 약간 땀이 나서 골프 자켓을 벗고 주행을 하다가 찬 기운에 땀이 식으면서 한기가 들기에 다시 자켓을 입다.

고남산 정상에 도착하다. 6시 22분. 어둠이 서서히 거치며 여명이 밝아오고 있다. 바람이 느껴진다. 정상에서 360도가 조망된다. 매요리 마을이 한눈에 조망된다. 정상 삼각 지점 부근에는 철조망으로 둘러쳐진 구조물 위에 감시 카메라가 장착되어 있다. 바로 아래 산불 감시 초소가 있다. 진행 방향 바로 아래로 중계탑이 보인다. 사과를 깎아 한 입 물다. 한기가 느껴진다. 버프 바라크로바를 하니 한기가 덜 느껴진다. 서양 속담에 손발이 시러우면 모자를 쓰라고 했단다.

통안재를 통과하다. 7시 34분. 마른 솔잎이 쌓인 길 섶에 앉아 김밥 한 줄을 꺼내 먹다. 식어서 차다. 보온통에서 미역국을 따라 먹다. 한기가 느껴진다. 김밥을 세 줄 샀는데 너무 많이 산 것 같다. 나머지 두 개는 점심으로 먹으려 했는데 아무래도 완전히 식어버리면 너무 차가와 먹을 수 없을 것 같다. 땀이 마르며 한기가 느껴진다. 뜨거운 물이 간절하다. 산불 위험만 없다면 가스 스토브를 가지고 다니면 좋으련만. 보온통 온수는 쉽게 식어버려 한계가 있다. 2L물백의 물맛이 이상하다. 지난 8월에 두 번째 구간 종주후 그냥 물기만 말려 놓은 상태에다 집에서 정수물을 받아 왔는데 물맛이 이상하다. 약품 냄새가 나는 것이 물백 안쪽을 깨끗이 세척을 안 해서 그런 모양이다.

출발에 앞서 지도를 보려고 뒷주머니를 더듬으니 지도가 없다. 주위를 둘러보아도 없다. 오는 도중에 떨군 모양이다. 통안재를 통과하며 본 것이 마지막이니 20분 정도의 거리에 떨어져 있을 것 같은데 그냥 가버릴까 하다가 마음을 돌려 찾으러 가다. 통안재 근처까지 가니 길섶에 떨어져 있다. 부주의로 인해 괜히 34분 정도의 알바를 하다. 유치재를 향하다. 잡목과 억새가 무성하다.

아랫배가 살살 아파지고 트림이 자꾸 나온다. 트림에서 약품 냄새가 느껴진다. 아무래도 물백 물을 먹은 것이 탈이 난 모양이다. 아랫배가 뒤틀려 걸을 수가 없다. 토할 것 같다. 정로환 4알을 입에 털어 넣다. 쌍스틱을 내던지고 길바닥에 웅크리고 엎드려 앉았 다. 토하려고 손가락을 목구멍에 쑤셔 넣고 구역질을 몇 번 해보지만 약품 냄새나는 헛물만 켜다. 한참을 웅크리고 앉았다가 일어서니 이마에 식은 땀이 송곳 베인다. 어기적거리며 걸어보려 하지만 아랫배가 계속 뒤틀려 걷기가 고통스럽다. 왼쪽 가슴팍까지 찌릿찌릿하다. 아이구 소리가 절로 난다. 인적 없는 이곳에서 정신 잃고 쓰러지기라도 한다면 어쩌지. 가족 얼굴들이 떠오른다. 별 방정맞은 생각을 다하네 자책하면서 걸음을 옮기려 하지만 한걸음 한걸음이 고통스럽다. 물백 안을 청소 안 하면 약품 냄새가 나는 것인지. 집에서 생수물을 채울 때 물백 귀퉁이를 보니 무슨 침전물 흔적이 있기에 무심결에 그냥 헹구기만 했는데 그래서 그런지. 아무튼 뱃속의 이물질을 빼내야 하는데 위로는 안 나오니 아래로라도 빼야겠다 생각하고 배낭을 한쪽에 벗어놓은 후 속살을 내보인 채 옹알이를 해대며 힘을 써보다. 조금은 살 것 같다. 산행 중 대변을 눌 경우 15~20cm 깊이로 땅을 파 묻으라고 했다. 대변을 분해하는 박테리아가 이 깊이에 가장 많다고 한다. 이런 와중에도 종주 리본을 확인하며 걷다보니 대간 주행 길은 벗어나지를 않았다.

매요 마을에 내려서다. 10시 55분. 가게를 만나면 식수부터 사야겠다. 매요 휴게소가 보인다. 콘테이너 창문이 열리며 할머니 한 분이 미소 짓는다. 생수 한 통 달라고 했더니 콘테이너 옆에 있는 수도꼭지를 가리키며 저기서 물 받아 가라고 한다. 샘물이라 맛이 좋다고 한다. 물병은 지나간 산님들이 버리고 간 패드병, 빈 캔을 쌓아 논 곳에서 하나 사용하라고 한다. 깨끗하니 그냥 사용해도 무방하단다. 작은 패드병에 물을 담아 물맛을 보니 말 그대로 물맛이다. 사실 평소 도시사람들이 먹는 끓인 수돗

물이나 생수는 진짜 물맛같지가 않다. 할머니와 잠시 이야기를 나누다. 참 수더분한 할머니다. 사진 한 컷 찍겠다고 하자 손사래를 친다. 방송사 TV에서도 촬영해 가고 지나가는 사람들이 너도나도 찍어 갔다며 이제 그만 찍었으면 좋겠다 하신다. 괜한 부탁을 한 것 같아 송구스럽다. 이곳을 지나는 모든 대간님들을 지켜보며 살아 오셨겠구나 생각하다. 뱃속이 조금은 진정된 것 같다. 이 상태로는 뱃속을 채우는 것이 부담될 것 같아 남은 김밥 두 줄을 집에 기르는 개에게라도 주라고 건네 드리고 사치재를 향해 출발하다.

포장도로를 타고가다 대간길은 흙언덕으로 올라서나 조금 가다 이내 포장도로로 내려선다. 포장도로를 조금 전진하다 다시 흙 언덕 대간길로 올라선다. 유치 삼거리 표지판이 서있다. 동네 뒷산 기분이 나는 구릉을 오르다. 다시 배가 살살 아파온다. 약물 냄새나는 헛트림을 자꾸 하다. 능선 안부에서 다시 주저 앉아 버리다. 햇살 비치는 맑은 날이기에 그나마 다행이다. 목구멍으로 게워내려 했지만 헛수고다. 다시 할 수 없어 이번에도 아래로 다시 한번 옹알이를 해본다. 억지로 힘을 쓰니 현기증이나고 이마에 식은 땀이 솟는다. 나무 사이로 햇볕이 비치는 안부 능선 길섶에 판초 우의를 깔고 눕다. 얼굴 정면으로 내리쬐는 햇볕을 모자로 가렸지만 이내 땀이 난다. 180도 몸을 돌려 다시 눕다. 아까 오다가 뱀이 놀래 도망치는 것을 보았는데 혹시 뱀이 덤벼들지 않을까 신경이 쓰이면서도 이내 가면상태에 접어든다. 정신을 차리니 근 20분 정도가 흐른 것 같다. 뱃속이 개운해지고 기분이 조금 좋아 졌다.

사치재에 도착하다. 11시 22분. 88올림픽고속도로와 마주치다. 사치재 안내 표지판에 고속도로 지하통로를 안내하고 있다. 고속도로변을 100m 정도 동진하니 지하통로가 나타나다. 통로를 지나 억새풀이 나있는 고속도로변을 타고 서진하니 사치재 안내 표지판이 나타나고 오르막길이 나온다. 무덤을 지나 길을 오르나 길 흔적이 없다. 대충 오름 능선을 향해 관목 숲을 헤치고 200여 미터 동진하니 그제야 나뭇가지에 달린 종주 리본이 보이고 산길이 보인다. GPS트랙을 확인하니 대간길에서 조금 벗어났었다. 사치재안내표지판 전에 대간길이 있었던 모양인데 지나친 것 같다. 오른쪽 사면에 불탄 나뭇등걸들이 보인다. 1994년과 1995년도 겨울에 큰 산불이 난 곳이라더니만 아직도 산불 잔재가 확연히 남아있다.

697봉 헬리포트에 도착. 12시 5분. 지리산 휴게소가 내려다보인다. 뜨거운 우동 국물이 간절하다. 보온통에 담아온 미역국을 한 뚜껑 따라 마시다. 오늘이 토요일 주말인데도 고속도로 교통량도 뜸하고 휴게소 주차장에도 텅 비어있다. 88고속도로가 항상 이렇게 한가한 것인지. 진행 방향으로 내려다보이는 정상 안부 능선 길이 길게 늘어서 있다. 철쭉 지대, 억새풀 지대를 지나다.

새맥이재를 통과하다. 1시 7분. 지도로는 독도 실력이 아직은 짧아 정확히 확인을 할 수 없어 GPS로 지점을 확인하다. 781봉 헬리포트에 도착. 1시 53분. 잠시 배낭을 벗고 주저앉다. 따가운 햇살이 내리쬔다. 등산화, 양말을 벗고 발을 말리다. 냉동시켜 온 떡을 꺼내 먹다. 보온통 미역국을 다 따라 마시다. 발바닥이 꼬들꼬들하니 기분이 한결 상쾌하다. 등산 지도에는 오늘의 종주 도착점인 복성이재까지 도상 소요시간이 60분으로 되어있다. 다음 종주 구간을 연결하기에는 접근성을 따지면 복성이재에서 끊고 성리 마을로 하산하는 것이 좋을 듯하나 그 다음 구간 거리를 단축시키기 위해 치재까지 주행하기로 하고 출발하다. 성리 마을에서 남원까지 운행하는 군내 버스를 이용하기는 틀린 것 같다. 돌무더기가 잔뜩 쌓인 내리막 언덕길이다. 아막 성터인 모양이다.

복성이재에 도착하다. 3시 30분. 2차선 포장도로가 시원스레 달리고 있다. 치재까지는 도상 30여 분 거리. 왼쪽 비탈은 목장이라고 등산 지도에는 소개되어 있다. 억새풀이 무성하게 바람에 출렁거리고 철조망이 쳐져 있다. 가축들을 찾아보았지만 억새 풀숲에 가려서인지 눈에 띄지 않는다. 소나무 흙길을 올라 철쭉 관목 숲을 헤치고 올라서니 헬리포트가 나타나다.

치재에 다다르면서 어리바리하다가 또 알바를 1시간 정도하다. 허리춤 높이의 억새풀과 관목으로 덮힌 능선 길을 내려오면 고개가 나타나고 고개 양편으로 나무 계단이 나타나는데 이곳이 치재이다. 능선 길을 다 내려 섰으면 등산 지도를 꺼내 확인하던지 GPS지도 화면에서 현위치를 확인했어야 하는데 그냥 무심결에 치재도 복성이재처럼 포장도로려니 하고 포장도로가 나타날 때까지 주행해야 한다는 관성적 생각으로 나무 계단을 올라 그대로 주행을 계속하다.

정복 차림의 경찰 한 분이 느닷없이 나타나 내 앞길을 앞서 오른다. 마주치자 경찰 아저씨가 나에게 여기가 무슨 산이냐고 묻는다. 정작 내가 이곳의 위치를 물으려 했는데 나에게 묻다니. 그래서 북성이재, 치재 부근 아니겠

느냐고 답을 하다. 경찰 아저씨가 멈추어 서서 이마의 땀
방울을 닦으며 주위 경관을 두리번 거리더니 조심히 가라
고 인사를 건네고 다시 되돌아서 내려간다. 순찰근무 중
인적 드문 이곳에 왜 올랐는지 물어보지는 안 했지만 이
곳 지방에 부임한지 얼마 안 되고 이 근방 순찰돌다가 잠
시 오른 듯. 포장도로가 왜 안 나타는 거지. 한참을 가다
GPS지도 화면을 확인하니 곧 있으면 꼬부랑재다. 치재를
한참 지나온 지점이다. 내참. 배가 뒤틀려 식은 땀을 흘렸
다고 얼까지 빠진 모양이다. 되돌아서서 진땀을 흘리며
다시 치재를 향하다. 아까 경찰 아저씨와 마주쳤던 곳을
지나 나무 계단을 내려서. 고갯길에서 성리 마을 방향
은 관목으로 덮여있어 복성이재 쪽 나무 계단을 올라서서
성리 마을 쪽 내리막 능산 길을 찾아 내려가다. 내리막 길
저만치에 종주 리본이 보인다. 나무계단길을 내려서. 5
시 정각. 콘크리트 포장길이 나타나고 성리마을로 이어지
다. 민박집 앞까지 내려와 일원 택시를 불러 남원역에 도
착하다. 6시 10분. 예매한 7시 44분 새마을 열차를 버리
고 6시 20분 무궁화 열차로 바꿔타고 수원역에 도착하
다. 10시 5분. 720-2버스를 타고 집에 도착하니 자정이
다 돼가고 있다.Ω

백두대간 성삼재에서 여원재까지

2005년 8월 26일 금요일
성삼재 : 전북 구례군 산동면
여원재 : 전북 남원시 운봉읍

저녁 11시 18분 수원 출발 무궁화호 열차로 새벽 3시 22분 구례구역에 도착하니 공용터미널행 버스가 대기하고 있다. 기차에서 같이 내린 산님들을 가득 태우고 터미널에 도착하니 3시 40분 경이다. 기사분이 4시 20분에 이 버스가 다시 성삼재로 출발한다고 안내한다. 인근 24시간 설렁탕집에서 해장국을 먹은 후 터미널 가게에서 김밥 세 줄을 사서 배낭에 넣은 후 다시 버스를 타다. 화엄사에서 두 명의 산님을 내려 준 후 가파른 고개길을 오른다. 비가 내리기 시작한다. 성삼재에 도착하니 4시 50분 경이다. 버스에서 40명 정도의 산님이 내린다. 컴컴한 가운데 운무가 잔뜩 낀 상태에 가랑비가 부슬 부슬 내리고 있다. 휴게실 문은 아직 열려 있지 않다. 버스에서 내린 산님들이 휴게실 밖 정자에서 배낭을 부리고 잠시 비를 피하면서 우의를 꺼내 입고 헤드랜턴을 쓰고 노고단 쪽을 향해 출발을 한다. 나도 판초우의를 꺼내입고 헤드랜턴을 쓰고 손전등을 챙기다. 뱀의 공격에 대비해 스패츠도 하다.

5시 15분 GPS를 리셋하고 노고단을 뒤로하고 주차요금 징수대를 지나 만복대를 향해 포장도로 내려서다. 곧 일출시간이 다가오건만 아직은 손전등 불빛에 의존해야 할 정도의 어둠이 짙게 깔려 있다. 헤드랜턴 불빛은 밝기가 별로다. 도로를 따라 GPS화면을 쳐다보며 북쪽을 향해 한참을 걸어 내려오다보니 아무래도 만복대 진입 등로를 지나친 것 같아 다시 뒤돌아 조금 오르니 만복대를 안내하는 십자가 표지판이 있고 철망 출입문이 열려 있다. 지리산 서부능선 길. 등로로 올라서니 이내 관목 숲길이 나타나고 두 팔을 벌려 헤엄치듯 숲길을 헤치며 전진하다. 관목 숲을 헤치며 주행하다보니 동요 가사가 언뜻 생각난다. '정글 숲을 지나서 가자 엉금 엉금 기어서 가자 늪 지대가 나타나면은 악어 떼가 나올라 악어떼' 악어떼 대신에 뱀이나 멧돼지가 나올라. 나뭇잎들이 얼굴을 할퀸다. 빗물에 젖은 관목 잎을 헤치고 지나다 보니 소낙비를 맞은 것처럼 판초우의와 스패츠가 흠뻑 젖어버린다. 간헐적으로 이어지는 흙길 등로는 질펀하여 고어텍스가 아닌 등산화에 빗물이 스며 드는 것 같다.

작은 고리봉을 앞두고 성삼재와 만복대간 안부 능선에 도착하다. 6시 56분. 성삼재에서 만복대까지 통상 소요시간이 2시간 10분이라고 하니 36분 정도가 더 걸렸다는 계산이다. 너무 느린 걸음걸이다. 관목 숲이 좀 덜하기도 하고 주행 속도를 빨리하고자 판초우의를 벗어 버리다. 그런데 이것이 참 잘못된 판단이었다. 다시 관목 숲이 이어진다. 옷이 온통 흠뻑 적셔버렸다. 그 즉시 판초우의를 입어야 되는데 걷다보니 주행 행동이 관성화 되어버려 그대로 계속 주행을 하게 된다. 이슬비가 분무기에서 물보라 일으키듯 흩날리고 있다. 다시 판초우의를 꺼내 입다. 등로에 접어든 후 조망이 전혀 안 되다가 작은 고리봉을 지난 안부 능선에서 잠시 운무가 걷히며 진행 방향 왼쪽 아래로 산동면 마을이 조망된다.

　만복대 정상에 서다. 8시 11분. 작은 고리봉과 묘봉치는 확인이 안된 채 지나친 것 같다. 만복대 정상도 만복대라는 안내 글귀가 없다. GPS로 지점을 찍으며 확인하다. 짙은 운무가 끼어 있다. 조망이 전혀 안 된다. 날씨가 맑다면 이곳에서 지리산 주능선이 조망되련만. 정상에는 이슬비인지 운무 움직임인지 분간이 안간다. 장갑을 벗어 쥐어 짜니 물이 죽죽 떨어진다. 김밥 한 줄을 꺼내 먹다. 집에서 보온통에 싸온 미역국을 마시다. 한기가 엄습하며 덜덜 떨리다. 턱이 달달 거리려 한다. 스패츠를 하였건만 등산화 속은 빗물이 스며들어 질퍽 소리가 날 정도로 흥건하다. 정령치까지 가서 마른 양말로 갈아 신기로 하고 빨리 출발해야 겠다. 몇 개 남은 김밥을 한꺼번에 구겨 넣고 다시 배낭을 매다. 판초우의를 입은 후 스틱 위에 올려 놓은 장갑을 집으니 하얗게 성애가 끼었다. 어깨가 추위로 오싹 거리다. 출발하면 열기가 나겠지.

　만복대를 내려서 정령치를 향하는 지리산 서부 능선 길. 계속 조망이 안 되는 비탈길을 내려서니 나무 계단이 나타나고 포장도로가 나타나며 운무 속에 정령치 휴게소가 어른거린다. 이 도로가 성삼재 휴게소에서 정령치 휴게소로 이어지는 737번 지방도이다. 이내 정령치 휴게소에 도착하다. 9시 17분. 문은 굳게 닫혀 있다. 넓은 주차장에는 승용차 두 대가 주차되어 있다. 실외 화장실로 가서 비를 피하며 등산화와 양말을 벗어 빗물을 쥐어짜다. 준비해 온 여분 양말을 신고 비닐 봉지로 감싼 뒤 비에 젖은 양말을 껴신고 다시 등산화를 신다. 비닐 봉지 하나는 얇은 주방용이고 하나는 내의포장용 비닐인데 한 시간도 채 못 걸려 주방 비닐은 터져 버려 이내 빗물이 새던데 내의 포장용 비닐은 꽤 오래 버티다. 구입한지 1년이 안 된 등산화가 우중 산행을 2번을 하고나니 벌써 밑창 본드처리 부분에 틈이 나기 시작한다. 정령치 휴게소 옆 계단을 올라서 된비알을 오르다.

큰 고리봉에 서다. 10시 5분. 직진하면 세걸산, 바래봉, 인월로 이어지는 지리산 서부능선이다. 왼쪽 서북 방향으로 꺾어 고기 삼거리 방향 가파른 비탈길로 내려서야 백두대간 마루금을 벗어나지 않는다. 기록에 의하면 백두대간 종주 초기에는 서부 능선 길로 잘못 진행한 팀도 있었다고 한다. 초기에는 지금처럼 표지판도 없었을 것이고 사람 다닌 흔적을 찾을 수 없었을 것이다. 고기 삼거리로 향하는 된비알 길은 한마디로 위에서 밑으로 내리 꽂듯이 이어진다. 햇볕이 나기 시작한다. 능선 안부를 지나며 지리산 서부능선 자락 아래 펼쳐진 운봉면 마을이 조망된다. 이곳까지 오는 도중 사방을 둘러 보아도 조망이 안 되더니 서서히 조망이 되기 시작한다..

고기 삼거리 고기다리를 지나는 60번 지방도에 내려서다. 11시 39분. 포장도로 위를 한참 걸어 정령치모텔을 지나 노치 마을로 접어들다. 등산 지도에 나와 있는 운천 초등교를 찾았으나 폐교 되었다고 알리는 표지판이 눈앞에 나타난다. 등산 지도에는 가재 마을이라 되어 있으나 마을석비에는 노치마을로 되어있다.

마을로 접어들어 종주 리본이 걸려 있는 골목길을 버리고 잠시 지나치니 수령이 수백 년을 넘겼을 정자나무가 서있고 기념비가 서있다. 12시 10분. 기념석에는 '백두대간이 통과하는 국내 유일 마을 주천면 덕치리 노치마을⋯⋯'라고 적혀 있다. 기념촬영 후 뒤돌아서서 종주 리본이 걸린 골목으로 들어서니 마을 구멍가게가 있고 노치샘이 있다. 노치샘에서 물을 한 모금 마시다. 선입감인지 몰라도 지리산 능선에서 맛본 물맛하고는 다른 것 같다. 마을을 벗어나 뒷산으로 오르니 정갈하게 가꾸어진 산소가 있고 그 주변에는 소나무 다섯 그루가 멋드러지게 병풍처럼 서있다. 그늘에 배낭을 부리고 등산화와 양말을 벗어 쥐어 짠 후 햇볕에 말린 후 김밥 두 줄과 보온통 미역국으로 식사하다.

지게로 나무를 나르는 노인 한 분이 나타난다. 이 분이 지게를 내려놓고 나에게 다가와 옆에 앉는다. 어디서 왔느냐, 혼자서 다니느냐고 물어 온다. 김밥 한 개를 권하니 한사코 사양한다. 계속 권하여 입속에 하나 넣어 드리다. 미역국을 보온통 뚜껑에 따라서 권하다. 노인이 마을 앞 벌판에는 벼가 무르익어 가고 있는 벌판을 가리키며 일제 때 왜놈들이 백두대간의 정기를 끊어 버리려고 저 벌판을 파헤쳐 물을 채워 놓았다고 한다. 최근에는 산림청에서 이 마을을 백두대간마을이라고 일방적으로 정하고 정자 나무 아래에 기념석을 세웠다고 한다. 마을 주민하고는 한마디 상의도 하지 않고 어느날 갑자기 정해 버렸다고 한다. 그래서 그린벨트 지역을 규제하듯이 거래가 규제되는 바람에 기왓장 하나가 떨어져도 일체 수리를 못하도록 묶어 놓았다고 한다. 주말에는 이 작은 마을에 대여섯 대의 버스가 들이닥쳐 200명이 넘는 등산객을 풀어 놓기도 한단다. 번지르한 겉모습만 보면 안된다. 현지 주민의 이야기를 들어야 그 지역의 이력을 제대로 알 수 있다.

식사를 마치고 수정봉을 향해 출발하다. 12시 52분. 수정봉까지 된비알과 안부 능선이 이어진다. 왼쪽 아래로 이백면 마을이 조망된다. 수정봉을 통과하니 다시 안부 능선이 이어진다. 2시 41분. GPS상 입망치를 가르키는 곳은 아주 평이한 안부 능선이다. 반대편에서 띄엄 띄엄 오는 산님들을 대여섯 팀 마주치다. 입망치를 지나 다시 오르막길. 솔잎이 떨어진 등로가 이어진다.

GPS상에 임도가 표시된 지점에 다다르다. 3시 19분. 우마차가 다닐만한 임도가 시작된다. 옆을 보니 샛길이 보인다. 가다 보니 종주 리본이 간혹 보인다. 그리고 길을 가로질러 쓰러진 나무들이 겹겹이 놓여져 있다. 계속 가니 이제까지 온 길하고 조금 다르다. 그런데 종주 리본이 있다. 그리고 다시 어렴풋이 보이는 길을 가로질어 쓰러진 나무들이 겹겹이 놓여져 있다. 능선과 계곡 길이 나란히 가길래 여원재로 통하리라 생각하고 계속 진행을 하는데 영 아니다. 날씨는 맑게 개여 햇살이 따갑다. 한참을 오니 길이 없다. 되돌아 갈 생각은 전혀 하질 않고 관목 덤불을 헤치고 계속 주행하다. 종국에는 절개지 비탈길이 나타나고 그 아래에는 농가와 축사가 보인다. 비탈길 덤불을 헤치고 농가에 내려서니 아낙네가 보이기에 인사를 하다. 그 아낙네도 인사를 받으며 아저씨 깜짝 놀랬잖아요 한다. 옆에 남편인 듯한 농부도 미소를 지으며 인사한다. 마을 길을 벗어나며 GPS를 꺼내보니 이런 젠장 완전 동쪽으로 90도를 꺽어 2km 가까이를 알바한 것 같다. 멀리 차들이 지나는 도로가 여원재를 통과하는 24번 도로인 것 같다. 막판에 잠시 방심하다보니 쓸데없이 1시간 20분 정도 가까이 알바를 하게 되었다. 24번 국도 옆

논길을 따라 여원재를 향하다. 여원재에 도착하여 다시 아까 알바를 시작한 지점으로 역주행하다. 마을을 지나서 임도를 따라 30분 이상을 오르니 아까 알바를 시작한 지점이 나타나다. 4시 40분. 이곳에서 조금만 더 내려섰더라면 종주 리본이 많이 널려 있는 임도를 벗어나는 등로로 접어들 수 있었을 텐데. 아까 잘 못 접어든 등로에도 종주 리본이 있었지만 등로를 인위적으로 나무로 막아놓은 뜻을 읽었어야 하는데. 등로를 따라 다시 여원재를 향하다.

여원재에 도착하다. 5시 정각. 남원과 함양을 잇는 24번 국도가 지나가고 있다. 다음번 대간 종주 구간은 여원재에서 출발이다. 여원재 버스정류장 남원방향 등로에 종주 리본이 한 무더기가 걸려있다. 다음 종주의 들머리임을 확인하다. 한참을 기다려 함양 쪽에서 오는 버스를 타고 남원역에 도착. 여원재행 버스 첫차가 남원역에서 도보로 한 20~30분 거리 떨어진 버스 종점에서 5시 40분 출발이라고 한다. 남원역사를 새로 지었다. 기차표를 바꿔 6시 45분 무궁화호 열차를 타고 수원역에 내리니 10시 31분이다. 버스를 타고 집에 도착하니 자정을 넘기고 있다.Ω

지리산 대원사에서 화엄사까지

2005년 7월 27일 수요일 - 30일 토요일
대원사 : 경남 산청군 삼장면
화엄사 : 전남 구례군 마산면

　헛되고 헛되며 헛되고 헛되니 모든 것이 헛되도다. 지리산 종주. 지난 6월에 이어 두 번째. 지난번은 성삼재에서 중산리까지 25.5km 코스. 이번은 유평 대원사에서 구례 화엄사까지 46.2km 코스다. 진주 시외버스터미널에서 대원사행 6시 40분 첫차를 타고 유평 주차장에 도착, 나 혼자 내리다. 7시 40분. 넓은 주차장이 텅 비어있고 오가는 사람도 보이지 않는다. 하늘에는 구름이 잔뜩 끼어 있다. 일기예보로는 오늘 오후부터 지리산 동부 지역에 집중 호우가 예상된다고 하여 혹시나 입산 통제가 되지 않을까 걱정했는데 다행히 유평매표소에서 입장을 시키며 만약 산행 중 호우경보가 발효되면 대피소에서 대기해야 한다고 안내를 한다. 아내와 통화를 하니 중부 지방은 어제에 이어 오늘도 천둥 번개를 동반한 집중 호우가 쏟아 지고 있단다. 입산 시간으로는 이른 시간이 아닌데도 오늘 입산자는 내가 처음인 것 같다.

　유평매표소를 지나 포장도로를 따라 오르다. 대원사 일주문을 지나고 대원사 앞 식수 터를 지나니 유평마을 민박촌, 식당촌이 나타난다. 사람들이 별로 없다. 각 식당에는 몇몇 사람들이 한가로이 아침을 먹고 있다. 등로 표지판이 보이며 돌길이 나있다. 오가는 사람 없는 등로를 따라 오른다. 잡목들로 우거진 등로, 가끔 돌길이 중간 중간 이어지는 계곡 오르막길은 별로 특징 있는 등로는 아니다. 한참을 오르니 나 홀로 산님이 하산을 하고 있다. 이번 종주 등로에서 마주친 최초의 산님이다. 참으로 묘한 것이 오늘 28일 유평을 떠난 후 30일 노고단에 다다를 때까지 앞에서 오는 산님들은 부지기수로 많이 마주쳤지만 뒤따라오거나 추월해 나가는 산님들이 한 사람도 없었다. 무리를 진 산님들이 드문 드문 하산 하며 유평마을까지 얼마나 가야하는지 물으며 내려간다.

계곡 물가에 배낭을 풀고 김밥으로 참을 먹다. 계곡물이 사람 몸을 담그기에는 아직 적어 조금은 더 올라 가야 할 것 같다. 바람이 엄청 불어 나무가 휘어진다. 간혹 빗방울이 느껴진다. 하산하는 산님 무리를 몇몇 팀 마주치다. 빗줄기가 점점 굵어지기 시작한다. 배낭에 커버를 씌우고 판초 우의를 입다.

나무 계단이 나타나고 무제치기 폭포 이정표가 서있다. 무제치기 폭포 계곡을 빗겨서 오른 모양이다. 반대편 방향으로 100m정도 내려가니 무제치기 폭포가 나무숲 사이로 보인다. 치밭목에 도착하다. 1시 17분. 대여섯 분의 산님들이 식사를 하고 있다. 나도 나머지 김밥을 먹고 대피소에서 콜라를 한 캔 사서 들이키다. 비가 잠시 그치고 짙은 안개가 끼어 있다. 200m 떨어진 곳에 있는 식수터에 가서 물백과 물통에 물을 보충하다. 쵸코파이 두 개를 사서 조끼 주머니에 넣다. 천왕봉을 향해 출발하다.

치밭목을 출발하여 얼마 지나지 않아 비가 억수로 퍼붓기 시작한다. 가끔 천둥 소리가 들려 온다. 산죽 나무나 관목 사이로 난 좁은 등로는 완전히 물길이 되어 흘러 내린다. 등산화 안에는 빗물이 흘러 들어 질퍽소리가 난다. 판초 우의로 가려지지 않는 바지 아래 부분은 엄청 쏟아지는 빗물을 흠뻑 받아내고 있다. 인적은 전혀 없다. 하기야 이런 상황이라면 하산하여 대피소에서 잠시 대기하던지 해야 하는데 계속 오르고 있으니 어찌 보면 무모하기도 하고 무식하기도 한 것 같다. 써리봉을 지나면서부터는 빗줄기가 더욱 굵어진다. 아예 머리 위로 물을 쏟아 붓듯이 쏟아진다. 빗줄기 소리로 귀가 멍멍할 정도다. 이 상황에 제압을 당하지 않으려고 큰 소리로 아내 이름과 아이들 이름을 불어본다. 호루라기도 불어본다. 가사 아는 노래를 큰소리로 불러본다. 혼자 아무 말이나 자문자답을 해본다. 중봉을 지나 저 앞에 콘테이너 박스가 보인다. 내심 저기서 비를 좀 피하려니 했더니 칠선계곡 원상 복구 공사 준비 창고인 듯 문이 잠겨있다. 공사 자재가 여러 군데 쌓여있다. 잠시 후 천왕봉이 눈앞에 다가선다.

천왕봉에 서다. 5시 4분. 봉우리 주위는 비안개로 감싸여 있다. 신비감이 서려 보인다. 비바람이 엄청 불어댄다. 몸이 뒤뚱거린다. 한기가 느껴진다. 비바람을 맞으며 그래도 기념을 위해 방수는 안 되지만 디카를 꺼내 몇 커트 찍다. 양손이 차가운 기운으로 인해 곱아온다. 빗줄기는 다소 약해졌지만 비바람은 거세게 몰아치고 있다. 장갑을 꺼내어 끼다. 장터목을 향해 출발하다. 두 명의 산님이 장터목 쪽에서 오르고 있다. 잠시 후에는 젊은 남녀가 오르고 있다. 다들 배낭을 맨 채로 오르고 있으니 아마 하산을 할 예정이라면 이 악천우에 시간적으로나 거리상으로 걱정이 된다. 치밭목이나 로타리에서 1박을 하는 것이 좋을 것 같다.

장터목대피소에 도착하다. 6시 15분. 천왕봉 오르는 길목에는 통행 금지 자일을 쳐놓았다. 아내와 통화를 하다. 오후 내내 걱정이 되어 대피소로 수차례 전화를 한 모양이다. 지천명의 나이를 지나서 이처럼 생고생을 사서 하고 있으니 참으로 아내에게 미안한 생각이 든다. 대피소에는 열댓 명밖에 보이질 않는다. 직원에게 물어보니 오전에 서둘러 다 하산 시켰다는 것이다. 현재 호우 주의보가 발효되어 지리산 모든 등로가 출입 통제 되었단다. 통제가 풀릴지 여부는 내일 아침 7시쯤 알려준단다. 침상을 배정받고 배낭을 부리고 등산화를 벗다. 등산화는 그야말로 물먹은 하마다. 뒤집어 물을 따르고 벽에 기대어 놓다. 두 켤레 껴 신은 양말을 벗어 쥐어 짜니 물이 한 바가지가 나온다. 침상이 널찍해서 좋다. 배낭 속의 물품을 다 쏟아 놓으니 습기가 배어 있다. 텅 빈 침상 옷걸이에 젖은 옷들을 걸어 놓고 여분 옷으로 갈아입다.

어제 집에서 출발할 때 싸온 보온도시락과 반찬거리를 갖고 취사장으로 내려가 식사를 하다. 평소 이 시간이면 취사장이 설자리가 없을 정도로 사람들로 붐빌 텐데 고작 두서너 명이 식사를 하고 있을 뿐이다. 비는 그쳤다. 식사를 마친 후 침낭에 몸을 넣고 침상에 누우니 온 몸이 쑤신다. 잠을 청해 보지만 이리 뒤척 저리 뒤척 잠이 오질 않는다. 잠결에 빗줄기가 대피소 침상 지붕을 때리는 소리를 듣고 깨어보니 오른쪽 어깨쪽이 축축하고 침낭이 젖어있다. 옷걸이에 걸어둔 옷에서 물이 떨어졌거니 했는데 일정 간격으로 물이 뚝뚝 떨어진다. 이상하다 싶어 일어나서 살펴 보니 옷에서 떨어지는 것이 아니라 지붕 유리창 틈새에서 빗물이 새고 있었다. 밖에는 한바탕 빗줄기가 쏟아지고 있었다. 꽤나 튼튼해 보이는 대피소의 지붕이 비가 새다니. 휴지로 뭉치를 만들어 빗물 떨어지는 곳에 놓고 옆으로 비켜 누워 다시 잠을 청하다. 5시를 좀 넘겨 잠을 깨다. 밖으로 나와보니 비는 그쳤으나 안개가 끼어 2~3m 앞을 분간하기 어렵다. 시간이 좀 지나면 안개가 걷히겠지.

다시 침상에 누워 오늘 일정을 생각해본다. 오늘은 뱀사골대피소까지 가야 하는데 가능할 것인지. 통제가 안 풀리면 어떻게 하지. 조금 뒤척이다 일어나 일단 어디로 가던 식사를 하고 배낭을 꾸려야 할 것 같다. 취사장에 내려가 두 끼니 밥을 하여 한 끼니 분은 보온도시락에 넣고 한 끼니 분의 식사를 하다. 7시를 넘기면서 통제가 풀렸단다. 안개가 걷히면서 언뜻 햇살이 보일 듯하다. 몇몇 분은 식사를 마치고 천왕봉을 거쳐 대원사 쪽으로 하산한다며 장터목을 떠나간다. 나도 서둘러 배낭을 챙기다. 양말 두 켤레를 신고 얇은 비닐로 발을 감싼 뒤 물먹은 등산화를 신다. 등산화 줄을 조이는데 물기가 물씬 배어 나온다. 이 등산화로 뱀사골까지 발바닥 부르트지 않고 갈 수 있을 것인지.

장터목대피소를 출발하다. 8시 48분. 등로에는 안개가 걷혔다. 하늘에는 구름 사이로 햇살이 언뜻 비친다. 세석대피소까지는 앞에서 오는 사람도 없고 뒤에서 따라오는 사람도 없이 긴긴 연하봉 능선을 혼자서 호젓하게 걸어간다. 세석대피소에 도착하다. 11시 7분. 대규모 산악회 팀이 앉아 쉬고 있고 서쪽 방향에서 박수를 받으며 뒤늦게 도착하는 무리도 있다. 30명 가까이 되어 보인다. 잠시 미숫가루를 타서 먹고 휴식을 취한 후 반야봉 방향을 향해 출발하다. 모든 산님들은 동진을 하고 있다.

칠선봉에 도착하다. 12시 49분. 빗방울이 다시 떨어지기 시작하다. 앞에서 오는 산님들도 우의를 입고 인사하며 지나친다. 초등학생을 대동한 가족 단위 일행도 마주친다. 덕평봉을 지나다. 1시 55분. 다시 비가 멎었다. 몇 팀이 점심을 먹고 있다. 나도 점심을 먹을까 하다 그냥 통과하다. 젊은 남녀 산악 회원들이 무리를 지어 다가선다. 등로 옆에 호젓한 공터가 보이기에 배낭을 부리고 점심 도시락을 꺼내 먹다. 몇 숟가락을 떠 먹는데 다시 빗방울이 떨어진다. 비를 맞으며 식사를 마치다. 다시 배낭을 꾸려 출발하다. 배낭을 맨 채로 혼자서 판초우의를 입기가 여간 까다롭지가 않다. 배낭을 매고 판초우의를 입으려면 어깨위로 솟은 배낭 윗 부분에 걸려 입혀지지가 않는다. 옆에 사람이 있다면 도움을 구하겠지만 말이다. 바위 위에다 판초우의를 뒷면을 펼치고 그 위에 배낭을 댄 채로 판초우의 앞면을 머리 앞으로 뒤집어 쓰며 배낭을 매다. 벽소령 가는 등로에 빗줄기는 엄청 쏟아지고 있다. 뱃속이 뒤틀려 온다. 비 맞으며 밥을 급히 먹은 것이 아무래도 탈이 난 것인지. 방귀가 마구 나온다. 방귀가 잦으면 똥 나온다는데 비는 주룩주룩 쏟아지고 있으니 서둘러 벽소령에 도착해야겠다.

벽소령에 도착하다. 3시 34분. 취사장에 배낭을 부리고 용무를 마친 후 다시 서둘러 출발하다. 오늘 저녁은 뱀사골대피소에 예약되어 있는데 일몰 전에 도착할 수 있을지. 아니면 연하천에서 1박을 해야 할지. 연하천에 도착하다. 6시 15분. 많은 산님들로 붐빈다. 침상을 배정받기는 힘들 것 같다. 25명이 대기 중이란다. 할 수 없다. 일몰

을 넘겨 산행하더라도 잠자리가 편해야 할 것 같아 뱀사
골대피소 직원에게 좀 늦게 도착할 것 같다고 양해를 구
한 뒤 출발하다. 지도 상으로는 2시간 15분 소요된다고
되어있다. 몇몇 산님이 연하천 쪽으로 넘어오고 있다.

　토끼봉을 통과하다. 7시 46분. 일몰 시간이 7시 36분
이다. 헤드램프와 손전등을 준비하다. 등로는 점점 어두
워진다. 다행히 비는 완전히 멎었다. 일몰 전 마지막 햇살
이 비추더니 날씨가 완전 개인 모양이다. 일기예보상으로
도 내일은 맑은 날씨가 될 것이라고 했다. 돌길 내리막 등
로를 엉거주춤거리며 내려가다. 순간 아차하다 앞으로 고
꾸라지다. 양스틱을 쥔 손으로 손전등을 함께 쥐다 보니
보행 동작이 꼬인 것 같다. 6,000원짜리 손전등 앞 렌즈
가 박살나 버렸다. 할 수 없이 헤드램프로만 의지하여 주
행을 하다. 오른쪽 계곡 기슭에서 사람 소리가 들린다. 뱀
사골대피소에 거의 다 온 것 같다. 화개재 공터가 나타나
고 뱀사골대피소 이정표가 보인다.

　나무 계단길을 한참 내려가 뱀사골대피소에 도착하
다. 8시 38분. 환하게 밝힌 불빛 속에 잠긴 대피소는 많은
산님들로 붐비고 있다. 어느 시골집 잔칫집 마당 같은 정
경이다. 침상을 배정 받고 배낭을 부린 후 쌀로 밥을 하기
에는 시간이 많이 소요될 것 같아 매점에서 라면 하나 양
갱 하나를 사서 끼니를 때우다. 아내와 통화를 한 후 침상
에 눕다. 어깻죽지가 뻐근하다. 비를 많이 맞고 주행했건
만 등산화 속 양말은 비닐로 감싼 덕분에 쥐어짜도 물은
나오지 않고 조금 축축할 정도다. 잠이 오질 않는다. 여기
저기 코고는 소리 풍풍 방귀 뀌는 소리. 이리 저리 뒤척이
다가 새벽 4시를 조금 넘겨 잠을 깨다. 화장실을 다녀 오

다. 하늘을 보니 그믐달이 비추이고 별들이 쏟아질 듯 빛나고 있다. 잠 못 이룬 한 산님은 문 앞 의자에 웅크리고 앉아 문자 메시지를 주고 받고 있다. 다시 침상에 누워보지만 잠이 오질 않는다. 조금 뒤척이다 아침거리를 챙겨 취사장으로 내려가 식사 준비를 하다. 어제 저녁 씻어 놓은 두 끼 분의 쌀을 스토브에 40분 동안 올려 밥을 하다. 점심 도시락을 싸고 식사를 마친 후 배낭을 꾸려 출발 준비하다. 하늘에 구름 한 점 없이 날씨가 쾌청하다.

7시 18분 뱀사골대피소를 출발하다. 화개재 안부 공터를 지나 조금 가니 600개의 나무계단길이 나타나다. 삼도봉에 도착하다. 8시 2분. 집에서 출발하기 전에 노고단 탐방을 오늘 10시 30분으로 예약을 했는데 제시간에 도착을 못할 것 같다. 반야봉 삼거리 도착. 8시 41분. 많은 산님들이 배낭을 데포depot 시키고 무리 지어 반야봉을 향한다. 노고단 탐방 시간에 맞추려고 반야봉 왕복을 포기하고 그대로 주행하다. 그런데 노고단을 향하며 시간을 어림해 보니 공단에서는 10시까지 노고단 입구에 도착하라고 했는데 아무래도 제시간에 당도하지 못할 것 같다. 구례구역에 기차표를 예매했기에 12시 30분 전에는 노고단에서 하산하는 것으로 계획을 잡았기에 노고단 탐방을 못한다고 반야봉을 왕복할 수 도 없는 노릇이다. 임걸령 샘터를 통과하다. 9시 27분. 피아골삼거리를 통과하다. 9시 48분. 눈까풀이 무거워지면 조름이 온다. 등로 옆에 은박 블랑켓을 펴고 드러누워 약 15분간 눈을 붙이다. 땅에서 올라오는 찬 기운으로 몸만 식힌 것 같다.

11시 31분에 노고단 탐방로 입구에 도착하다. 10시 30분 탐방코스를 끝낸 탐방객들이 출구를 빠져 나오고 있다. 인터넷 예약까지 해놓고 탐방을 못 하다니 아쉽다. 간편한 차림으로 남녀노소 많은 사람들이 탐방로 안부에서 기념 촬영들을 하고 주위 경관을 둘러 보며 와자지껄 한다. 11시 49분에 노고단 대피소에 도착하다. 햇살이 따갑다. 취사장 벽 그늘 진 곳에 은박블랑켓을 펴고 배낭을 풀다. 물에 젖었던 등산화가 얼추 말랐다. 양말을 벗어 햇볕에 말리다. 도시락 식사를 마치고 10분 정도 드러누워 잠시 잠을 청해 보지만 소용없다. 배낭을 챙기고 물백에 식수를 보충한 후 출발준비를 하다. 다음 번에 성삼재에서 백두대간을 연결하려고 이번 종주시 코재에서 종석대를 거쳐 성삼재까지 왕복하여 다시 코재에서 화엄사로 하산하려 했는데 종석대가 출입 통제로 묶였다고 하여 성삼재까지의 왕복을 일단은 포기하고 코재에서 곧바로 화엄사로 하산하다.

1시 19분에 코재 내리막길로 내려서다. 사람의 손길을 받아 만들어진 돌계단길이 가파르게 이어진다. 젊은 부부가 두 아이는 걸리고 간난 아이는 업은 채 오르고 있다. 여고생들도 교복 차림으로 오르고 있다. 드문 드문 뭇 산님들이 거칠게 숨을 몰아 쉬며 만만디 오르고 있다. 내려딛는 오른쪽 발목에 가끔 느낌이 온다. 발목 보호대를 차서 그런지 통증은 느껴지지 않지만 조금만 뒤뚱거리면 약간 아려온다.

집선대, 중재, 국수등, 참샘터를 지나다. 한적한 계곡이 보여 잠시 흐르는 계곡물에 몸을 담가 본다. 엄청 시원하다. 작은 소의 밑바닥이 훤히 드려다 보인다. 흙탕물로 범벅이 된 바지 가랭이와 반팔 셔츠를 빨아서 바위 위에 10여 분 말렸으나 잘 마르지 않는다. 덜 마른 옷을 다시 입고 출발을 하다. 연기암 삼거리에 도착하다. 4시 25분. 포장 도로가 나타나고 다리가 보인다. 다리 밑에는 몇몇 산님들이 발을 담그고 있다. 포장도로를 걸어 한참을 내려오다. 조금 이상하다. 연기암부터 화엄사까지는 등산로가 없고 포장도로 인가. 아니나 다를까 용소삼거리 안내 표지판이 나타나며 10m 안쪽으로 화엄사까지의 등산로가 있다고 안내 한다. 안쪽으로 들어가니 대나무 숲으로 덮힌 등산로가 나타난다. 아까 연기암 삼거리에서 연결되는 길이 있었을 것인데 그냥 포장도로를 따르다 보니 등산로 진입로를 지나친 것 같다.

7시 16분 화엄사 정문에 도착. 도로를 따라 한참을 내려오니 화엄사 일주문이 나타나고 화엄매표소를 통과하다. 다시 300m 내려오니 공용주차장이 있다. 관광버스가 한참 서있다 출발한다. 구례와 화엄사를 오가는 버스가 20분 간격으로 아침 5시 30분부터 8시 40분까지 있다고 했는데 방금 출발한 차가 바로 그 버스라는 것을 택시를 타고 가는 중에 택시 기사가 말해서 알았다. 그것도 모르고 버스 회사로 전화를 하여 다음 버스 시간을 물으니 그 버스를 탔다가는 기차 출발 시간에 당도를 하지 못할 것 같아 마침 택시가 오길래 타다. 택시를 타고 잠시 내려오니 아까 공용주차장에서 출발한 버스가 앞서 가고 있다. 잠시 어리바리한 것 같다. 2박 3일 지리산에서 보내다 보니 그동안 속세 일에 둔해진 것인지 모르겠다. 구례구역에서 7시 16분 새마을호 열차를 타고 수원역에 10시 59분 도착. 집방향 720번 버스 11시40분 막차를 타고 집에 도착하니 31일 새벽 1시를 넘기고 있다.

배낭무게가 집에서 출발시 17.6kg이고, 도착시

13.3kg이다. 집에 도착하여 몸무게를 달아보니 2.4kg가 늘었다. 아침에 일어나 거울을 보니 얼굴이 퉁퉁 부어 올라있고 발등도 퉁퉁 부어올라 있다. 양손은 손톱 양끝 살이 갈라지며 피가 나는 동상 증세를 보이다. 오른쪽 엄지 발가락도 무뎌진 것 같다. 아내와 딸이 지리산 정기를 받아 살이 찐 것 같다고 농을 걸었다. 뜨거운 물로 발목과 손목을 담가 동상기를 가시고 3일이 지나니 몸무게가 2.4kg 다시 빠지고 부기도 가라앉았다. 쌀을 1kg 가져갔는데 560g정도 먹고(29일 아침,점심 / 30일 아침,점심), 440g을 남겨왔다. 출발할 때 1.5L 패트 병 주둥아리를 잘라버리고 그 속에 칼로리 바란스, 연양갱, 인삼사탕을 잔뜩 넣고 삼단 우산과 함께 쌕주머니에 넣어 배낭 아래에 매달았는데 그만 대원사행 버스에서 내리면서 흘려버린 것 같다. 대신에 대피소에서 쵸코파이를 사서 간식으로 먹었다. 반찬은 가지수가 너무 많았다. 김치, 스판햄, 된장 깻잎, 오징어 젓갈, 파래 튀각, 김, 마른 멸치, 된장, 고추장, 풋고추, 올리브기름. 화이트 가솔린은 스토브에 가득 채우고, 900cc 새것을 여유분으로 갖고 갔는데 150cc 정도만 쓰고 되가져왔다. 아직은 인도어indoor 산행 계획이 어설픈 것 같다. 악천우 등 비상시 침착하고 신중한 판단력이 중요하다고 생각된다. 독도법과 GPS활용법을 더 숙달 시켜야 하겠다. 큰 산, 대간길 종주를 할 경우 장비나 물품을 배낭 속에 넣기 전 과연 이것이 나의 안전이나 생명을 담보할 수 있는 것인지를 항상 생각해야 하겠다.Ω

북한산 시구문에서 대서문까지

2005년 6월 18일 토요일
북한산 : 서울 은평구 진관동

　오늘 산행은 북한산 12성문 종주로서 오는 6월 28일 군 입대를 앞둔 아들과 함께 하는 군 입대 기념 산행이기도 하다. 지훈이는 친구가 많고 처음 만나는 사람들하고도 주저 없이 어울리기를 좋아하는 적극적이고 활달한 성격인데도 군 입대를 앞두고는 자기 성격에 어울리지 않게 내색하지는 않지만 마음이 착잡한 모양이다. 고등학교 때 반장도 하고 2학년 담임 선생님은 지훈이를 전교 학생 회장감이라고 적극 추천하며 부모 면담을 신청했으나 내가 거절해버렸다. 대개 학창시절 학생회장 출신들이 정계에 발을 디뎌놓던데 국회에서 정치꾼들 하는 꼬락서니에 진절머리가 나서 아예 그 근처에 얼씬도 못하게 하고픈 생각이었는데 애꿎은 아들의 기만 죽인 것이 아닌지. 지금 생각 같아서는 그 때 담임 선생님을 한번 만나보는 건데 그랬다. 작년 12월에도 아들과 12성문 종주를 하려다가 청수동암문을 지나며 길을 헷갈려 남장대지, 행궁터, 중성문으로 빠지는 바람에 12성문 종주의 뜻을 이루지 못했다. 그래서 오늘은 꼭 완주를 해내 성취감을 느끼도록 하고 북한산 정기 듬뿍 받아 군복무 잘하도록 염원하는 의미 있는 산행인 셈이다.

　북한산 성문종주는 대개 12성문 즉, 시구문, 북문, 위문, 용암문, 대동문, 보국문, 대성문, 대남문, 청수동암문,

부왕동암문, 가사당암문, 대서문 등을 하는데 북한산에는 이들 성문외에 중성문이 있고 3개의 성문이 더있었다고 한다. 산성안의 또 다른 시구문, 중성문과 대서문아래에 각각 있었다는 수문 2개 하여 16개 성문이라고 한다. (박인식의 '북한산' 중에서)

8시 34분 시구문에 도착하다. 오늘 북한산 12성문 종주의 첫 번째 성문이다. 집에서 시구문까지의 이동시간이 아침 식사 매식 시간을 포함해 2시간 24분이 걸렸다. 6시 10분에 집을 나서 버스를 두 번 갈아타고 청색 지선 버스 704번으로 북한산성 매표소 입구 정류장에 하차하였다. 입구까지 걸어 올라가 식당에서 해장국을 시켜 먹고 집에서 싸온 도시락이 1인 분이어서 김밥 4줄을 사다. 시구문 매표소가 어디인지 물으니 다시 차도로 내려가 조금 더 올라가란다. 북한천교를 지나 원효암 방향을 가르키는 골목으로 접어드니 음식점 삼거리에서 다시 원효암 방향을 가르키는 작은 표지판이 보인다. 못미더워 학교가는 초등생에게 확인코자 물으니 그 방향을 가르키며 조금 더 올라가란다. 정원수들이 심어져 있는 작은 길을 따라 오르니 저 앞에 시구문이 보이고 매표소도 안쪽에 보인다. 송장을 내어보내는 문이라 하여 시구문(尸柩門)이라 불리어지는 서암문(西暗門)은 수문에서 원효봉으로 오르는 해발 180m 쯤 되는 산기슭에 있다.

왼쪽에 성벽을 두고 꽤 가파른 언덕길을 오르다. 앞서 가는 산님들이 몇 분 보인다. 원효암을 지나다. 9시 40분 원효봉에 도착하다. 잠시 숨을 가다듬고 미숫가루 한 그릇씩 타먹은 후 원효봉을 출발하다. 10시 10분 북문을 통과하다. 오늘 종주 두 번째 성문이다. 북문은 원효봉과 염초봉을 잇는 능선 사이의 고갯마루에 있다. 방위 상으로 당연히 북쪽의 대문으로서 누각도 있었다지만, 원래부터 클 대(大)자가 빠진 채로 이름이 붙여지고, 지금은 누각조차 없어진 채 복원이 되지 않고 있는 실정이다. 서울 도성에서도 동, 서, 남쪽의 문들은 다 대문이라는 별칭이 붙었는데, 유독 북쪽의 문은 대자가 없다. 북문 앞에는 염초봉을 우회하라는 안내문이 서있다. 통계적으로 염초봉은 향로봉과 함께 북한산 국립 공원에서 대표적인 인명 사고 다발 지역이라고 한다. 암벽 등반 장비를 제대로 갖추지도 않은 채 릿지 산행을 막무가내로 하다보니 아차 실수가 곧바로 최소한 중상이라는 인명 사고로 이어진다고 한다. 지난번 향로봉을 릿지한 경험이 있어 순간 오늘 한번 염초봉 릿지를 하고픈 마음이 잠시 동했지만 산행 왕초보인 아들을 대동하였기에 마음을 접고 상운사 방향을 향하다. 10시 24분 상운사 입구에 도착하니 안내 표지판에 등산로 없음이라는 표지판이 있다. 일전에 선행자의 산행기가 생각나 무시하고 상운사 방향으로 가니 상운사 직전에 오른쪽 방향 아래로 백운대로 향하는 소로가 나있다. 다만 철레일이 놓여 있기에 철레일을 넘어서 가야한다. 레일 표면이 녹슬지 않은 것으로 보아 정기적으로 작동을 하는 것 같아 사람이 지나다니기는 위험하여 입구에 등산로 없음으로 안내를 한 모양이다. 관악산 연주암 뒤편 등성이에도 이와 같은 철레일이 깔려 있었던 기억이 난다. 대동사를 지나 계곡으로 내려서다.

백운대를 오르는 계곡길은 구간 구간 너덜 길과 비탈길이 반복된다. 11시 13분. 약수암을 거쳐 위문에 오르는 길은 참으로 가파르다. 오른쪽 무릎이 어째 느낌이 안 좋다. 2주 전 지리산 종주 시 하산길에서 맞은 무릎 통증이 아직 완전히 가시지가 않은 모양이다. 오른쪽 쌍스틱을 배낭에 담고 왔지만 오늘 종주는 어디 한번 스틱 없이 해보려고 아직 사용을 않고 있다. 가다 서다 한숨 돌리기를 반복하다. 계곡 위쪽의 막바지에는 나무계단이 놓여 있다. 계단 중간에 멈추어서 한숨을 돌리다. 계단을 내려오는 한 산님이 옛날 계단 없던 때에는 보통 힘든 구간이 아니었다고 동행하는 동료에게 일러주고 있다.

11시 43분. 위문을 통과하다. 오늘 종주 세 번째 성문이다. 일명 백운봉암문(白雲峰暗門)으로 해발 720m이다. 백운대와 만경대 사이에 위치한 네모난 형태의 암문이다. 북한산 정상 백운대(836.5m)를 오르려면 원효봉 능선이나 숨은 벽등 우이 능선의 릿지를 제외하곤 거의 이 위문을 통과하게 된다. 위문이 항상 붐빌 때 온 기억때문인지 몰라도 오늘은 별로 붐비지가 않다. 백운대 오르는 길도 붐비지 않는다. 어떤 때는 백운대 오르는데 30분이 족히 걸릴 때도 있다.

백운대 정상에 서다. 11시 59분. 사방을 조망해본다. 스모그 현상인지 약간 흐리게 조망된다. 기념사진을 몇 컷 찍다. 백운대, 만경대, 노적봉은 북한산의 삼각혈이다. 간악한 일본인들이 북한산의 정기, 한민족의 정기를 완전히 끊어버리려고 노적봉, 백운대, 만경대 등의 정수리에 신주로 만든 못침을 박아 놓았다. 서울 을지로 5가에서 식당업을 하는 백태흠옹이 노적봉의 화강암 정수리 속에 끄트머리가 보일락 말락한 직경 4센티의 철침을 1년 넘게 주말마다 올라가 바위 손상을 피하기 위해 끌로 철주 주변만 둥글게 파서 무려 140cm나 되는 신주를 끄집어 냈다고 한다. 이 민족적 울분을 어떻게 달래야 할지. 역사를 바로 인식해야 함을 되새겨본다. 언젠가는 우리 민족도 일본을 식민지화하여 후지산 정수리에 신주 철침을 박아 볼 날이 있지 않을까 상상해본다. 도봉산 오봉이 바라보이는 안부에 앉아 점심을 먹다. 도봉산, 사패산 종주도 아득하고 작년 늦가을에 한 바 있다. 점심을 마친 후 백운대 출발. 12시 50분. 위문에서 용암문 가는 길은 여느 토요일 같으면 교행하기가 어려울 정도로 지체가 되던데 오늘은 좀 덜 붐비는 것 같다. 만경대 아래 기슭을 지나다. 저 위에는 피아노 바위가 있다. 직벽을 풋홀드(foot hold), 핸드홀드(hand hold)를 이용해 옆으로 건너는 모습이 피아노 치는 자세와 같다 해서 붙여진 이름이란다. 지난 3월 등산 학교 암벽 실습을 만경대 구간에서 했는데 피아노 바위를 건너며 아찔하여 로프에 카라비너를 끼웠음에도 자세를 제대로 갖추지 못하고 겨우겨우 건넨 기억이 난다. 그때 용아장성을 다녀온 산님이야기로는 용아장성 구간에는 피아노 바위 정도의 난이도 구간이 많다고 한다. 어떤 산행기에서 그러던데 흔히 산악인의 자격을 논하는 잣대로 지리산 종주, 설악산 용아장성 릿지등반, 지리산 천왕봉을 경유한 칠선계곡 산행을 말한다고 한다. 현재 용아장성, 칠선계곡은 통행금지구역으로 정해져 있다.

2시 4분 용암문을 통과하다. 오늘 종주 네 번째 성문이다. 해발 580m에 위치한 성문으로 도선사, 북한산장, 노적봉을 연결하며, 옛날에는 중흥사, 태고사로 통하는 길목이라 한다. 북한 산장에서 도선사로 바로 내려가는 길목으로 많은 사람들이 지나는 문이다. 이 일대의 수비를 위해 세웠다는 용암사의 유허지에는 무너진 탑과 석축만 남아 있다. 북한산 성문 이름 중 암문이라고 되어있는 문은 누각 없이 문만 설치된 문을 말한다. 잠시 후 북한산성 대피소에 도착하여 볼일 을 보고 샘터에서 식수를 보충한 후 출발하다. 동장대를 지나다. 시단봉 아래에 있는 동장대는 그 아래쪽 산성 계곡 맞은편에 자리한 행궁을 가장 잘 관측할 수 있는 장소에 설치된 지휘소이다.

삼국시대부터 중원을 차지하는데 있어서 북한산 일대는 국토 방위상 가장 중요한 요충지로 인식되었다. 그래서 당시부터 '북한산을 얻는 자는 이 땅을 얻는다'라는 설이 유포되었다. 이처럼 북한산성의 전략적 가치는 삼국시대부터 인정되어 왔음에도 조선은 임진왜란과 병자호란으로 혼쭐이 나고서야 본격적인 축성 논의에 들어간다. 임진왜란 때는 왕과 조정이 종묘 사직과 백성을 버리고 엉겁결에 평양과 신의주로 뒤꽁무니를 뺐었고, 병자호란 때는 군신 모두가 남한산성으로 기어들어가 항쟁을 한다. 그러나 남한산성에서 인조는 항전을 포기하고 오늘의 송파인 삼전도로 다시 기어나와 청태조에게 '삼배구고두(三拜九叩頭,세 번 절하고 아홉 번 머리를 찧는 것)'하는 치욕적인 항복을 해야만 되었다. 얼마전 노무현 대통령이 일본 고이즈미 총리와 정상 회담을 하기 전 나란히 서서 웃으며 악수를 하던데 그 옛날 상황을 패러디한다면 노무현 대통령이 광화문 네거리에서 만면에 웃음짓고 앉아 있는 고이즈미 총리에게 '삼배구고두'한다고 상상을 해보라. 혀 깨물고 자결할 일이 아닌가. 임란이 끝나갈 무렵 선조는 재위 29년인 1596년에 왜의 재침에 대비해서 북한산성의 축성을 계획한 바 있으나 무산되고 만다. 다시 효종에 의해 축성론이 다시 제기되었다. 병자호란으로 심양에 인질로 끌려간 적이 있는 효종은 북벌론을 꾀하며 북한산에 성을 쌓기로 결심했으나 갑작스런 죽음으로 축성론은 다시 잠수를 한다. 그 뒤 숙종이 즉위하면서 축성논의가 다시 본 궤도에 오른다.조정의 축성 찬반론이 팽팽이 맞선 가운데 결국 숙종 37년에 축성 공역이 시작되어 군인들을 동원시켜 착공 6개월 만에 이 대역사를 마치게 된다. 이처럼 숙종 임금의 강력한 의지로 축성이 완료된 당시의 북한산성에는, 먼저 산성 내부에 임금이 머무를 행궁을 중심으로 각종 관아와 창고 및 군대의 숙영지, 여러 개의 사찰과 산성 내에 거주할 민간인들의 주택 등이 들어서서 하나의 산 중 도시를 형성하게 된다. 숙종 37년에 수문(水門), 북문(北門), 서암문(西暗門), 백운봉암문(白雲峰暗門, 일명 위문), 용암암문(龍岩暗門, 일명 용암문), 소동문(小東門), 동암문(東暗門), 대동문(大東門), 소남문(小南門), 청수동암문(淸水洞暗門), 부왕동암문(扶旺洞暗門), 가사당암문(袈裟堂暗門), 대서문(大西門) 등 13개 성문을 축조했다. 그리고 3년 뒤에 중성(重城)을 축조하며 중성문(中城門), 시구문(尸柩門), 수문(水門) 등 3개 문을 추가로 지어 모두 16개의 성문이 북한산성에 생기게 된다. 그리고 동, 서, 남, 북의 각 방향의 고지대에 지휘소 겸 관측소인 장대(將臺)를 설치하게 된다.

　이런 시설물들의 대부분이 무너져 내린 것은 일제 강점기인 1925년의 이른바 을축년 대홍수 때였다고 한다. 그 때 노적봉에서 사태가 일어나 중흥사터에 있던 일본군 헌병대가 흔적없이 사라지고 동장대를 비롯한 여러 건물과 시설물들이 무너졌다고 한다. 그나마 겨우 살아남은 일부 시설물마저 6.25 전쟁 당시 산성계곡 안으로 숨어든 북한군을 섬멸하기 위하여 미군이 감행한 집중폭격과 포격으로 깡그리 폐허가 되었다고 한다. 숙종 임금의 강력한 호국 의지에 힘입어 어렵사리 축조된 북한산성은, 당초 기약했던 호국의 요새로서는 제 기능을 한번도 발휘해 보지 못한 채, 참담했던 국가적 불행이 연속되는 와중에서 허물어진 성벽만을 잔해로 남긴 채 애통하게도 그렇게 스러져간 비운의 산성이 되어 버렸던 것이다. 근래에 들어 성벽의 여러 구간에 대한 보강 공사와 함께, 대동문, 대성문, 대남문, 대서문 등 클 대(大)자 붙은 성문과 중성문의 누각들이 복원되었고, 지휘소 중에서는 유일하게 동장대가 복원되었다. 치욕스런 애통의 역사 한 궤를 펼쳐 보았다. 그런데도 우리 민족은 이 지구상 아직도 유일한 분단 국가로 남아 6자 회담이 어쩌구 저쩌구 강대국 논리에 휘말리고 있으니 참으로 애통할 노릇이다. 조국 통일 민족 통일을 빨리 이룩해 주변국과 대등한 위상을 되찾아야 하지 않을까.

2시 46분 대동문을 통과하다. 오늘 종주 다섯 번째 성문이다. 해발 540m. 진달래 능선을 타면 대동문에 이른다. 서울 도성의 대문들은 동대문, 남대문 하는 식으로 클 대(大)자가 이름의 중간에 붙는데, 북한산성의 대문들은 도성의 그것들과 혼동되지 않도록 클 대(大)자를 앞에다 붙여 놓았다고 한다. 오른쪽 무릎이 안 좋아진다. 에어파스를 뿌리다. 약간 통증이 가시는 듯하다.

3시 6분 보국문을 통과하다. 오늘 종주 여섯 번째 성문이다. 보국사가 아래에 있어 보국문이라 부른다고 하지만 당초에는 동쪽에 있는 암문이라하여 동암문으로 불렸다 한다. 여기는 해발 567m에 위치하고 정릉을 한눈에 볼수 있는 곳이다. 성벽 계단을 오르는데 갑자기 오른쪽 무릎이 전기 통하듯 찌릿찌릿하여 앗 하고 멈춰서다. 구급낭에서 안티푸라민을 꺼내 두껍게 바르며 마사지를 하다. 누르면 아프지는 않는데 무릎을 폈다 구부렸다 하면 통증이 느껴진다. 결국은 배낭에서 쌍스틱을 꺼내어 주행을 하다. 잠시 갈등이 인다. 대남문에서 하산하느냐 아니면 기어서라도 12성문 종주를 강행할 것이냐. 며칠 후 군입대 예정인 아들 지훈이는 아빠 무리하지 마세요라고 말은 하지만 마음 속으로 지난번에 성문 종주를 실패한 바 있어 오늘은 꼭 해내리라 마음을 먹고 있는 모양인데 내 무릎이 말썽이니 어찌 한담. 쌍스틱이 역시 효과적이다. 오늘 들머리 출발 시부터 사용했더라면 무릎 통증 시간을 좀 더 늦출 수 있었거나 아니면 방지할 수 있었을 텐데. 그런데 북한산에서 스틱을 사용하는 사람은 별로 없어 보인다. 하나 짜리 스틱을 쓰는 경우는 더러 있지만 쌍스틱을 쓰는 사람은 거의 드문 것 같다. 우리나라 등산 역사에서 쌍스틱을 쓰게 된 시기는 등산 학교 강사들이 처음 사용하기 시작을 하면서 등산 교육을 이수한 사람들에게도 사용하도록 홍보를 하면서 차츰 대중화되기에 이르렀다고 한다. 그래서 초기에는 쌍스틱을 사용하는 등산 학교 강사들의 모습을 보고 우스꽝스럽다고 놀려대었다고 한다. 여하튼 무릎 관절이 신통치 않는 산님들은 쌍스틱을 사용하면 덜 힘들게 주행할 수 있을 것 같다.

3시 41분 대성문을 통과하다. 오늘 종주 일곱 번째 성문이다. 해발 565m. 대성문은 북한산의 성문 중 가장 크다. 평창동 쪽의 형제봉 능선과 연결되는데, 이 문이 중시된 이유는 유사시 임금이 도성의 궁궐로부터 이 문을 통해서 행궁으로 행차하기로 되어 있기 때문이며, 그래서 방위와는 무관하게 왕격에 어울리도록 클 대(大)자가 붙은 것이란다.

3시 52분 대남문에 도착하다. 오늘 종주 여덟 번째 성문이다. 해발 663m. 서울시에서는 서울 정도 600주년 사업으로 1991년에 문루를 복원시켰다고 되어 있다. 2인용 매트를 나무 그늘 아래 펴고 방울 토마토를 먹은 후 아들과 나란히 바닥에 드러눕다. 눈을 감고 잠시 가면하다. 핸드폰 소리에 가면 상태에서 벗어나다. 받아보니 집에서 딸아이 지숙이가 전화를 한 것이다. 한 10여 분 정도 눈을 붙인 것 같다. 꿀맛 같은 오침이다. 머리가 아주 상쾌해 진 것 같다. 아주 적시에 전화를 해준 것 같다. 대남문을 출발하다.

4시 27분 청수동암문을 통과하다. 오늘 종주 아홉 번째 성문이다. 해발 694m. 작년에 청수동암문을 지나 길을 잘못 들어 남장대지로 빠진 기억이 되살아나 이번에는 아예 성곽을 확인하며 주행을 하다. 보현봉에서 서북쪽으로 휘어지는 의상 능선에는 의상 7봉(의상봉, 용출봉, 용혈봉, 증취봉, 나월봉, 나한봉, 문수봉)과 3개의 암문(청수동암문, 부왕동암문, 가사당암문)이 있다. 원래 이들 세 암문을 통과하는 등산로는 없었다고 한다. 대통령을 죽이려고 북한에서 남파된 김신조 일당들의 사건 이후 1992년까지 이 일대로의 입산이 금지되었기 때문이란다. 그러다 1993년부터 출입이 허용되었다고 한다. 부왕동암문은 멀기만 하다. 아직도 북한산 여느 능선보다 산님들의 발길이 잦지 않은 듯 이제까지 지나온 등로와는 다르다. 암릉 비탈을 오르내리는 길은 긴가 민가 하며 가는 구간이 꽤 된다. 부왕동암문이 하도 안 나타나 벌써 지나치지 않았나 하며 고개를 가우뚱거리며 가다 앞에서 산님 일행이 다가오기에 물으니 조금만 더 가면 나온다고 일러준다. 그러나 무릎 통증을 줄이며 쌍스틱에 의지하며 걷다보니 매우 길고 긴 암릉 길을 넘어가니 그제야 부왕동암문이 나온다.

5시 34분에 부왕동암문을 통과하다. 오늘 종주 열 번째 성문이다. 해발 521m. 부왕동암문은 원각문(圓覺門)이라고도 불린다. 증취봉 기슭의 험한 능선에 산토끼처럼 숨어 있다고 표현하고 있다. 관목이 없는 의상 능선상에서는 좌우로 펼쳐지는 북한산의 계곡과 능선이 한눈에 조감된다. 증취봉, 용혈봉, 용출봉을 통과하다. 대학생인 듯한 산님이 대남문 방향이 맞느냐고 묻길래 2시간 정도의 거리라고 알려주었다. 이 산님 대남문에서 하산한다면 일몰 시간이 걸릴 것 같은데 랜턴은 준비했는지 걱정된다. 이런 일이 있었다. 산을 좋아하는 대전에 사는 친구가 가족들을 데리고 평소 자주 오르는 대둔산에 올랐다. 정상에서 오랜만에 가족들과 사진을 찍으며 즐겁게 머무르다 하산을 하게 되었는데 중간 정도 내려오던 중 일몰 시간이 되어버렸다. 잠시 후 하산길 계곡은 한치 앞을 내다볼 수 없을 정도로 칠흑 같은 어둠에 휩싸여 말 그대로 한 발자국도 움직일 수 없었다는 것이다. 자주 오르던 산이기도 하고 해지기 전에 내려오려니 하고 랜턴도 지참하지 안 했다고 한다. 할 수 없어 4식구 꼼짝 못하고 119로 구조 요청을 했단다. 평소 핸드폰이 터지는 지점이 아니었는데 그때는 용케 터졌다는 것이다. 잠시 후 연락을 받은 아랫마을 자원 구조 대원 한 분이 랜턴 빛을 비추며 도착했는데 4식구가 앉아있는 지점이 폭포옆 낭떠러지였다고 한다. 대둔산을 오른 분은 아시겠지만 정상에 오르는 계곡길은 길지는 않지만 대단히 가파른 그야말로 직벽에 가까운 비탈길이다. 만약 그때 조급한 마음으로 어둠 속에서 한 발자국만 움직였어도 그대로 낭떠러지로 떨어져 자칫 큰 인명사고가 날뻔한 했다는 것이다. 친구한테 이 이야기를 전해 들었는데 많은 교훈을 시사하고 있다. 앞으로의 산행에 좋은 교훈이 될 것 같다.

6시 40분 가사동암문을 통과하다. 오늘 종주 열한 번째 성문이다. 해발 448m. 국녕사가 내려다 보인다. 그래서 국녕문(國寧門)이라고도 불린단다. 엄청 큰 좌불상이 백운대를 바라보고 앉아 있다. 의상봉을 앞두고 360도를 조망할 수 있는 안부에서 파노라마 사진을 찍다. 의상봉을 지나서 잠시 가니 등로로 보이는 암릉 하산길로 내려서다. 뒤따르던 아들이 성곽을 벗어난 것 같다고 일깨운다. 돌아서서 좌우를 살피니 정말 성곽을 넘어서 있다. 꽤 날카로운 관찰인데 순간적인 판단을 등한히 해 막바지에 꽤 알바를 했다. 잠시 멈추고 성벽을 따라가는 길을 찾았어야 하는데 그대로 주행을 계속하다. 내려 오면서도 오늘의 종주 마지막 성문인 대서문 방향이 아님을 알게 되지만 계속 내리막길이다보니 오른쪽 무릎 통증을 이겨내고 되돌아 올라가 제대로 된 대서문 방향을 찾을 엄두가 안 나다. 아들도 대서문을 마지막으로 찍어야 하는데 하다. 그래서 일단 하산하다가 용암사 쪽으로 몸을 틀어 대서문을 찍기로 아들하고 의견을 모으다. 성곽을 벗어난다는 아들의 말을 인지하였으면 신중히 판단을 했어야 하는데 결과적으로 건성으로 들어버렸다. 나의 불찰이다. 암릉을 내려서서 관목 지대를 따라 상암사 방향으로 가니 샘터가 나오고 몇 분이 샘터 물을 받고 있다. 여자분에게 대서문 방향을 물으니 잘 모른다고 하다. 옆의 남자 한 분이 조금 올라가면 된다고 하다. 샘터를 벗어나니 용암사 안내 표지석이 나타나고 포장도로가 다시 나타나다. 많은 산님이 내려오고 있다. 도로를 따라 잠시 오르니 드디어 대서문이 나타나다.

7시 55분 대서문에 도착하다. 오늘 종주 열 두 번째 마지막 성문이다. 해발 150m. 대서문은 북한산성의 중심이 되는 문이라고 한다. 해발 150m의 낮은 구릉지에 서쪽을 향하여 있기 때문에 당시 군사적으로 왜나 청에 취약한 곳이기도 했다고 한다. 상가 점원에게 대서문에서 시구문까지 성곽을 따라 갈 수 있느냐고 물었으나 잘 모른다고 하다. 대서문 성곽을 올라 시구문 쪽을 살폈으나 잡풀이 우거지고 도저히 갈 수 있는 상황이 아니다. 성곽에서 내려와 성곽 아랫길로 내려서니 개 한마리가 나타나 엄청 짖어댄다. 금방이라도 물어뜯을 태세다. 암자처럼 생긴 집에서 주인인 듯 한 남자가 머리를 내밀고 짖지 말고 자기에게 오라고 부르건만 이놈의 개는 계속 개소리를 해댄다. 잠시 머뭇거리다가 개를 무시하고 지나치니 뒤에서도 잠시 짖다가 이내 멈춘다. 국민학교 저학년 시절 동네 개한테 되게 물려 며칠 동안 열이 나고 물린 곳에 이명래고약을 붙이고 고름을 짜내는 등 엄청 혼이 난 적이 있기에 요즘도 험하게 개소리하는 개를 보면 정나미가 떨어진다. 계곡 음식점촌을 지나 산성매표소 방향을 향하다. 잠시 내려오다 오른쪽으로 계곡 음식점촌을 가로지르는 철 구름다리가 있기에 건너다. 처음 보는 사람은 네온싸인이 요란하여 자칫 음식점으로 들어가는 구름다리로 착각할 듯하다. 구름다리를 건너 아래로 잠시 내려오니 오늘 아침 원효봉을 향했던 음식점 삼거리에 도착하다. 8시 21분이다. 아들 말마따나 오늘 12성문 종주 동그라미 폐곡선이 완성되었다. 성문종주 주행 시간 11시간 56분. 만보계 측정거리 20.54km.(만보계 오차가 다소 있는 듯) 빠른 걸음으로는 보통 6~7시간 안에 주파를 한다는데 우리는 장장 12시간이 소요되었다. 소요 시간보다는 해냈다는 성취감과 탐방하는 자세로 능선을 더듬으며 걸었다는데 의의를 두고 싶다. 지선버스 704번을 타고 세종문화회관에서 내리다. 교보빌딩 뒷편 낙지촌에서 저녁을 먹고 다시 세종문화회관 정류장으로 와서 광역버스 9401번으로 환승하여 동아일보 사거리를 지나다 보니 옛날 국제극장 자리에 청소년축구 브라질전을 응원하려는 붉은 악마들이 운집해 있다. 11시 5분 집에 도착하다.Ω

지리산 성삼재에서 중산리까지

2005년 6월 5일 일요일 - 6일 월요일
성삼재 : 전북 구례군 산동면
중산리 : 경남 산청군 시천면

옴마니 반메 훔 oṃmaṇi padme hūṃ. 수고하고 무거운 짐 진 자들아 다 내게 오라 내가 너희를 쉬게 하리라. 지리산 종주. 금년 여름휴가 때 2박 3일 일정으로 계획했던 것인데 6월 연휴를 맞아 앞당겨 결행을 하게 되었다. 금년 종주 목표를 다섯 군데 잡았는데 그 중 하나가 지리산 종주이다. 체력적으로 다소 무리인 1박 2일 일정으로 종주 계획을 세운 것인데 막상하고 보니 6월 4일 집을 떠나서 6월 7일 돌아오기 까지 4일이 걸렸다.

6월 4일 저녁 7시 18분 수원역에서 여수행 무궁화열차를 타서 11시 25분 구례구역에서 내리다. 택시를 타고 구례버스터미널로 이동, 첫차 출발 장소와 시간을 확인하다. 근처 24시 식당에서 설렁탕을 시켜 먹어보지만 목구멍으로 잘 넘기지 못하겠다. 배가 더부룩하다. 배낭을 진 두 부부팀이 식당을 들어와 음식을 시키고 이어서 중년팀 6명이 들어와 음식을 시킨다. 중년팀은 봉고차로 단체로 온 모양이다. 식당을 나서 택시를 잡아타고 찜질방으로 이동. 5~6분거리. 3,000원 지급. 찜질방 요금 6,000원. 배낭은 카운터에 맡겨놓다. 간단히 샤워를 하고 찜질방으로 가니 많은 남녀가 넓은 바닥에 가득 누워 있다. 2시간 30분 정도 눈을 붙인 후 찜질방을 나서다. 새벽 3시를 가르키고 있다. 찜질방 입구에서 등산복 차림의 남자가 노고단으로 직접 택시로 이동하지 않으려는지 묻길래 나는 버스로 가련다며 골목길을 벗어나 지나가는 택시를 잡아타고 터미널로 이동. 3,000원 요금지급. 터미널 상가들이 문을 열었다. 잠시 있으니 버스가 도착하는데 등산객들이 잔뜩 타고 왔다. 아마 구례구역에서 터미널까지 운행하는 버스로서 영등포발 여수행 막차를 타고 지리산에 오는 등산객들인 모양이다. 이 버스가 다시 성삼재로 향하는 모양이다. 김밥집에서 한 줄 사다. 1,500원. 잠시 경비 액수를 적어보았는데 어떻게 된 것인지 물가가 서울보다 더 비싸다. 4시 20분에 성삼재를 향해 출발. 중간에 화엄사 입구 정류장에서 몇사람 타고 내린 후 다시 성삼재로 향하다. 고갯길을 계속 오른다. 어둠이 서서히 걷히고 있다. 성삼재 주차장에 도착하다. 4시 55분. 요금 3,200원. 많은 사람들로 북적이고 있다.

성삼재 매표소에서 입장료 1,600원을 지불하고 출발하다. 새벽 5시 정각. 완만한 경사길이 이어지다. 판판한 돌을 깔아 도로를 만들어 놓아 보기에는 운치 있어 보이지만 미끈한 도로 걷듯이 걷다가는 자칫 발목에 무리가 올 것 같은 부담이 되는 도로다. 전망대가 나타나다. 5시 37분. 산등성이 아래 계곡 사이로 펼쳐진 운무가 아름답다. 소형 디지털카메라라는 중국 연수차 아들이 가져갖길래 캠코더를 갖고 왔다. 배낭에서 꺼내어 주변 경관을 찍은 후 어깨에 메다. 집에서 출발 에 앞서 짐을 줄인다고 했지만 배낭 무게가 17.3kg다. 캠코더의 무게와 부피가 꽤 된다. 삼각대까지 가져오려다 그것은 포기하였다. 집을 나설 때 아내와 딸이 체중계에서 배낭 무게를 계산하더니 히말라야산에 원정가느냐며 놀려댔다. 이 배낭을 메고 20여분 올라 오는데 어깨를 짓누르는 무게로 왼손이 잠시 쥐가 다 난다. 과연 내일 중산리 시외버스정류장까지 갈 수 있을까 심히 걱정이 된다.

배낭(35+10L)에 꾸린 물품무게(집출발시 17.3kg, 집도착시 11.5kg)와 물품 목록 : 쌍스틱, 춘추용침낭, 겨울방한방풍자켓, 여유양말1, 하의내의1, 털빵모자, 버프모자, 망사모자, 장갑2벌, 무릎보호대2, 발목보호대1, 미니구급낭(지사제, 파스, 압박붕대, 우황청심환, 밴드), 마스크, 판초우의, 베게, 휘발류스토브, 화이트휘발류여유분250ml, 라이터및성냥, 2인용코펠, 보온밥통0.5L, 손칼, 수저, 컵, 배추및열무김치통500ml, 미숫가루통200ml, 물백2L, 물통1L, 쌀3식분, 백도캔1, 고추참치캔1, 장조림캔1, 풋고추8개, 쌈장된장, 고추장, 돌김, 라면2봉, 떡볶이1봉, 육포, 연양갱, 칼로리바란스2, 비스켓10, 박하사탕한주먹, 포도및딸기캔디2통, 캠코더, 헤드램프, 손전등, 음악용MP3, 소형라디오, 여유밧데리(AA,AAA,캠코드용), 캠코더보호용타월, 조립알루미늄접의자, 선그라스, 나침반및고도계시계, 지도및선행자산행기출력물, 잡주머니, 김장용대비닐봉투1.5m, 쓰레기용비닐봉투중소3, 물티슈2통, 여행용내프킨1통, 치솔 등이다. 내가 봐도 가지수가 너무 많다. 아직 등산 초보시절이니 당분간 어쩔 수 없을 것 같다.

노고단대피소에 도착하다. 새벽 5시 43분. 아침을 먹는 사람들, 버너에 불을 지피며 아침을 준비하는 사람들, 많은 사람들이 부산하게 움직이고 있다. 피아골삼거리를 거쳐 임걸령샘터에 도착하다. 7시 28분. 여기서도 아침을 먹느라 많은 사람들이 북적거리고 있다. 샘터에서 바가지로 샘물을 한 그릇 떠서 벌컥벌컥 들이킨다. 1432봉을 조금 지나 구례터미널에서 사 온 김밥 한 줄을 먹는다. 반야봉 삼거리를 지나 삼도봉에 도착. 8시 30분. 이곳에 역시 많은 사람으로 북적인다. 전라남도, 전라북도, 경상남도의 경계점이다. 삼각뿔에서 사진들을 찍느라 정신들이 없다. 앉아 쉴 공간 차지하기가 어려울 지경이다. 젊은 부부가 앉아서 지도를 펴놓고 들여다 보면서 삼도봉이 어디인지 아직 멀었나 하고 찾고 있길래 이 곳이 삼도봉이라고 자신있게 알려준다. 나처럼 성삼재에서 출발한 모양이다. 지난번 설악산에서 길을 묻는 산님에게 잘 알지도 모르면서 잘 못 가르쳐준 기억이 있어 웬만하면 아는 체 하지 않으려 했는데 오늘은 바로 서있는 자리이기에 알려 주었다. 같이 오지 않고 왜 혼자 오셨냐고 묻는데 할 말이 없었다. 아내도 빨리 기력을 찾고 작은 아이도 대학 진학하면 나홀로 산행이 아닌 둘이서 산행이 될 것이라고 속으로 답을 하다. 종주하면서 잠시 마주치는 산님들 중에는 의외로 그 구간이 초행이신 분들이 많다. 한 산님에게 부탁하여 캠코더 사진을 찍고 잠시 목을 축인 후 출발하다.

화개재, 토끼봉을 지나 그늘진 안부 능선에서 늦은 아침 식사를 하다. 10시 46분. 어제 집에서 싸온 보온 도시락이다. 중년 부부가 옆에서 식사를 하다 말고 산행을 포기하고 하산하여 귀가하겠다면서 어떤 젊은 산행팀에게 싸온 음식을 다 넘겨준다. 인천에서 산악회를 따라 처음 산행 온 곳이 이곳 지리산이란다. 뱀사골대피소로 해서 하산한다는데 하산 시간도 만만치 않을 텐데.

연하천 대피소에 도착. 12시 15분이다. 점심을 먹거나 준비하는 산님들, 식사를 마치고 출발 준비를 위해 인원 점검을 하는 단체팀들의 웅성임으로 엄청 붐빈다. 백도를 먹으려다 빈 깡통은 되가져 가야 한다기에 조금 더 가서 먹기로 하고 샘터에서 물백에 물을 채운 후 간식을 간단히 먹은 후 다시 출발하다. 벽소령을 향해 가는데 앞서거나 뒤따르는 사람이 없어 이 길이 맞는지 잠시 멈칫거리는 데 뒤에서 장년팀이 앞서나가기에 물어서 확인을 한 후 주행을 하다. 형제봉을 거쳐 드디어 오늘 저녁을 보낼 벽소령대피소에 도착하다. 3시 10분. 성삼재 출발 후 10시간 11분 소요되다. 해가 아직 중천에 떠있길래 아예 이대로 중산리까지 계속 주행해 버릴까 하는 객기가 순간적으로 동하다. 하루 만에 종주하시는 분들도 많던데 나도 가능하지 않을까 잠시 생각해보다가 나이 생각 안 하고 아직도 젊은 줄로 착각하는 내 자신을 깨닫게 되다.

내일 아침 최대한 빨리 출발하기 위해 오늘 일찍 눈을 붙여야 할 것 같아 저녁 밥을 일찍 먹기로 하다. 1인분 쌀을 씻어 코펠에 담아 휘발유 스토브에 앉히다. 뜸 들이는 시간까지 포함하여 약 30분 정도 걸리다. 밥이 꼬들 꼬들 누룽지도 안 생기고 잘 되었다. 식사를 한 후 내일 아침과 점심 도시락용 쌀을 미리 씻어 놓다. 집을 출발할 때 쌀을 씻어 오려 했지만 만에 하나 쉴까 봐 생쌀을 그대로 갖고 왔다. 대피소에서 방송으로 6시부터 입실할 예정이니 예약자는 대피소 홀로 집합하란다.

대피소 예약이야기인데 휴일의 경우 특히 정말 전광석화 같은 타자 실력으로 인터넷예약을 해야 한다. 사실 6월 4일 예약을 하기 위해 오전 10시 땡과 동시에 입력을 하고 엔터를 쳤는데 마감이 되어버렸다는 것이다. 불과 20초도 안 걸린 것 같은데. 전국에서 인터넷 예약을 위해 얼마나 많은 산님들이 컴퓨터 앞에 앉아 있을까. 그래서 종주 일정도 늦추어졌다. 허탈한 심정으로 인터넷 예약 입력 요령을 몇 번 연습을 한 바 있다. 6월 5일 10시 땡. 컴퓨터 자판을 후다닥 친 후 엔터. 예약 완료. 15초 못 걸린 듯하다. 예약자 입실배정은 7시까지인데 7시가 지나가는데도 대피소 침상의 반 이상이 비어 있는 상태다. 아마 예약해놓고 안 온 사람들이 많은 모양이다. 배정된 침상에 배낭을 풀고 침낭을 꺼내어 잠잘 준비를 하다. 옆 침상은 서로 친구 사이로 보이는 마산에서 오신 3분이 배정을 받았다. 어떻게 혼자서 산행을 하느냐, 어디서 왔느냐 물어 오길래 잠시 이야기를 주고 받다. 이분들도 성삼재에서 아침 8시경에 출발하였으며 내일 중산리로 하산하여 귀가할 계획이란다. 화장실에 다녀 오기 위해 밖으로 나서니 문밖에 70~80여 명이 혹시라도 안 온 사람의 침상을 배정받을 수 있지 않을까 하며 줄을 서있다. 공단 직원은 큰 소리로 65세 이상자, 국가유공자나 그 자녀, 55세 이상자 등으로 호명하며 침상 배정을 하고 있다. 나중에 들으니 52세에서 끊겼다고 한다.

등산화를 입구 선반에서 꺼내어 침상 아래다가 옮겨놓다. 침낭을 뒤집어 쓰고 잠을 청하다. 잠시 잠에 빠져드는 듯하다가 주위의 소란으로 잠을 깨다를 반복하다. 비몽사몽하면서 잠을 청하다. 꽤 잠이 들은 후 뒤척이다 눈을 뜨니 시계가 새벽 2시를 조금 넘기고 있다. 일어나 화장실에 가기 위해 침상에서 일어나니 발 아래에 검은 것이 있어 배낭이려니하고 자세히 보니 사람이 완전히 V자형으로 정신없이 잠을 자고 있다. 침상 통로에도 사람들이 가득 누워 자고 있고 홀에도 그렇다. 문밖을 나서니 대피소 주변이 완전 비박촌이 되어 조심해서 걷지 않으면 자는 사람을 밟을 정도다. 화장실을 다녀온 후 배낭을 꾸려 취사장으로 이동하다. 취사장 바닥에도 비박객들이 너부러져 있다. 빈 공간을 찾아 아침 취사를 하다. 뒤이어 두 분의 산님이 취사장에 들어와 취사 준비를 하다. 달그락 그릇 소리에 한 비박객이 신경질적으로 잠 좀 잡시다라고 외친다. 밖에는 바람불어 취사가 불가해 어쩔 수 없이 비박객들의 단잠을 본의 아니게 방해하게 되었다.

밥하는데 꽤 시간이 걸리다. 어제 저녁 쌀을 씻어 물에 담가나서 그런지 밥이 잘 되었다. 점심용 도시락을 싸고 스팸햄을 구어 반은 도시락에 함께 넣고 나머지 반은 먹다. 스터브휘발유가 떨어져 예비통의 휘발유 를 보충하다. 마른 설거지를 하고 배낭을 꾸린 후 화장실에서 큰 것을 보고 샘터에 가서 물백에 물을 보충하고 4시 46분 벽소령대피소를 출발하여 천왕봉을 향해 동진하다. 덕평봉을 향하는 등로는 돌길이다. 드문 드문 낙석 주의 경고판이 보인다. 돌을 잘게 부셔 깔아 놓은 것 같다. 등로 양쪽에는 사람 어깨 높이의 대나무 관목들이 길따라 늘어서 있다. 몇 분이 뒤에서 따르다 앞서 나간다. 두 처자들이 커다란 배낭을 메고 저 앞에 가고 있다. 공터가 나타나는데 비박을 하고 있는 침낭 서너 무리가 보인다. 맨 하늘을 지붕삼아 침낭속에서 아직도 잠을 자고 있는 모양이다. 두 처자들이 길을 비켜준다. 내 걸음도 빠른 편이 아닌데 길을 비켜준다. 나중에 다시 두 처자들이 나를 앞지르게 된다.

선비샘에 도착하다. 6시 3분. 여기서도 서너팀이 비

박을 끝내고 스토브로 식사준비를 하고 있다. 선비샘에서
물 한 바가지 떠서 먹다. 지금까지 지나쳐 온 여러 샘에서
줄곧 물을 먹었는데 참으로 물맛이 그만이다. 대부분의
도시민들처럼 나도 정수기 물이나 끓인 물에 익숙해 있는
데 어제 오늘 마신 지리산 물맛은 말 그대로 진짜 물맛인
것 같다. 20대 남녀 7~8명으로 구성된 한 팀이 샘터에 도
착하여 물을 마신 후 앞서나간다. 아까 두 처자도 도착한
다. 남녀팀이 출발하고 그 뒤를 이어 나도 출발하다. 조금
가니 전망이 좋은 능선에 다다르다. 남녀팀이 사진을 찍
길래 나도 부탁하여 캠코더촬영을 부탁하다. 캠코더로 일
행을 찍다. 이메일로 보내주기로 약속하다.

칠선봉을 통과하다. 7시 7시. 저 멀리 천왕봉의 모습
이 점점 눈에 가까이 잡혀온다. 왼쪽으로는 백무동에서
오르는 능선 줄기가 자리를 하고 있다. 오르내리는 길을
가다. 계단이 이어지다. 계단을 올라서니 다시 오르내리
는 능선 길이 이어진다. 캠코더 줌렌즈로 장터목대피소가
잡힌다. 세석대피소가 저 멀리서 손짓한다. 세석평전이
눈앞에 펼쳐진다. 철쭉이 지천으로 깔려 있다. 꽃이 만개
시기를 지나 지기 시작하고 있다.

세석대피소에 도착하다. 9시 정각. 벽소령 출발 후 4
시간 8분 소요. 샘터에 가서 물을 먹으려는데 컵이나 물
바가지가 없다. 배낭을 부리고 배낭 속에서 1L물통을 꺼
내 샘물을 반 정도 채워 벌컥벌컥 들이키다. 대피소 벤치
로 올라와 아껴두었던 백도를 꺼내 먹다. 벤치 옆을 보니
큰 비닐봉투에 라면봉지, 컵라면통, 백도나 반찬 캔통이
담겨진 채 버려져 있다.

세석평전을 가로질러 천왕봉을 향해 동진하다. 뒤돌

아 보이는 세석평전의 풍광이 참으로 멋있다. 세석철쭉을 지리산 10경의 하나로 꼽고 있지 않은가. 지리산 10경은 천왕봉 일출, 연하 선경, 칠선계곡, 벽소명월, 피아골 단풍, 반야봉 낙조, 노고단 운해, 세석철축, 불일폭포, 섬진청류를 말한다. 지리산 등산 지도를 처음으로 제작하여 배포했던 구례의 지리산 산악회가 지난 1972년경 가장 대표적인 자연 경관 10곳을 들어 지리산 10경으로 발표했다.

촛대봉을 통과하여 안부에 도착하다. 9시 44분. 오전 11시가 다 되가는 시각에 멀리 보이는 천왕봉 위로 헬기 소리가 요란하다. 무슨 사고가 난 것일까. 잠시 후 장터목에서 점심을 먹으며 옆사람에게 물어보니 천왕봉 정상에서 사진을 찍으려다 아래로 추락하여 머리가 터져 피를 엄청 흘렸다고 한다. 119신고 후 50분 정도 지나서야 헬기가 도착하여 후송을 하였다고 한다. 삼신봉, 연하봉을 지나 장터목대피소에 도착하다. 11시 32분. 이곳은 지난 봄철 산불통제가 시작되기 바로 직전인 2월말에 아들 지훈이하고 지리산 초행시 지리산 최초의 숙박을 했던 추억이 서린 곳이다. 식사를 하기 위해 벤치에 앉으니 식사를 마치고 일어나는 팀들이 5L들이 물백을 보이며 물이 필요하지 않느냐고 권하기에 1L를 얻다. 벽소령에서 스토브로 지은 밥으로 보온통에 도시락을 쌌고 그 위에 스팸햄을 구워 덮었었는데 참으로 도시락 맛이 꿀 맛이다. 보온통을 갖고 다니는 것이 무게에 부담이 다소 있기는 하지만 든든한 식사를 위에서는 능히 감당해도 될 것 같다. 먹고 남은 배추김치와 열무김치 풋고추 하나, 튜브 고추장을 옆사람에게 권했더니 고맙게 받아 주었다. 사실 산

중에서 남은 음식을 남에게 주는 경우 좋아하면 괜찮은데 거절당하면 조금 무안하여 조심스레 권해야 할 것 같다. 식사를 마치고는 배낭을 대피소에 잠시 데포(depot)를 시키다. 매점에서 주머니에 들어가는 0.5L 물 한 병을 사서 바지 뒷주머니에 꼽다.

핸디캠을 목에 걸고 쌍스틱을 쥔 채 천왕봉을 향하다. 제석봉의 고사목을 촬영하다. 나처럼 비무장으로 천왕봉을 향하거나 천왕봉 쪽에서 오는 산님들이 꽤 된다. 지난 2월에 왔을 때는 일출 1시간 전에 장터목을 출발하여 일출을 보기 위해 어두운 새벽 눈길을 달려 1시간 3분을 걸려 천왕봉 정상에 도달했었는데 오늘은 비무장인 채로 풍광을 촬영하며 갔는데 천왕봉까지 50분이 걸리다. 천왕봉 오르는 길은 갑자기 급경사길이 다수 나타난다. 통천문을 지날 때는 머리 조심. 혹 천왕봉 정상에 섰다가 비바람이나 눈보라를 만날 경우 통천문 아래쪽 움푹 들어간 바위 굴로 피신하면 비박 장소로도 그만일 것 같다.

천왕봉 정상에 서다. 1시 8분. 쾌청한 날씨다. 하늘에는 하얀 뭉게 구름이 둥둥 떠있고 저멀리 함양 쪽 하늘에는 구름이 생일 케익 테두리 모양을 하고 있다. 정상에는 산님들로 완전 인산 인해. 다들 정상표지석을 배경으로 기념사진을 촬영하느라 정신들이 없다. 앞 사람들이 촬영하는 동안 차례를 기다리는 사람들로 완전 북새통이다.

'천왕봉'이라는 글자를 배경으로 전신 사진을 찍기 위해서는 카메라의 위치가 최소한 낭떠러지가 시작되는 끝머리에 위치하여야 하기에 카메라를 든 사람은 반드시 추락주의를 단단히 해야 한 다. 떨어지면 2~3m아래의 울퉁불퉁한 돌바닥이기에 아예 안전하게 카메라 앵글을 잡기 위해서는 낭떠러지 벽 발디딤(foot hold)에 두 발을 딛고 앞벽을 배로 안은 채 카메라 셔터를 눌러야 안전할 것 같다. 아마 오전 사고도 이 위치에서 났을 것 같다. 마침 한 젊은 산님이 그 자세로 동료들의 사진을 찍어주고 있길래 캠코더 포토샷 한 커트를 부탁하다. 그리고 정상 표지석 다른 면인 '한국인의 기상 여기에서 발원하다'라는 글자를 배경으로 사진 찍기는 전혀 추락 위험성이 없다. 정상 한 곳에는 전망 사진안내도가 있다. 왕시리봉, 노고단, 반야봉 등을 소개하고 있다. 대원사 방향도 조망되다. 지금 지리산 종주를 하고 있지만 공단에서는 세 방법의 종주 코스를 소개하고 있다. 먼저 제1방법은 노고단〉천왕봉 25.5km코스이고, 제2방법은 화엄사〉노고단〉천왕봉〉치밭목〉유평매표소46.2km코스이고, 제3방법은 화엄사〉노고단〉천왕봉〉로타리〉칼바위〉중산리 37.9km코스이다. 제2방법의 종주를 위해서는 이동시간 빼고 산에서만 2박을 계획해야 할 것 같으니 집을 출발하고 종주 후 집에 도착하기까지는 2박 3일내지는 2박 4일 잡아야 할 것 같다. 가능하면 금년 여름휴가나 연휴동안 도전해 보기로 하다.

아쉬움을 뒤로한 채 천왕봉 정상을 떠나다. 1시 30분. 어제도 그랬지만 오늘도 지리산 주능선에서 많은 초등교 저학년생들을 본다. 부모를 따라 온 경우도 있고 어떤 한 팀의 경우는 초등 1년생 7명을 두 분 선생이 인솔하여 천왕봉 정상을 밟고 중산리로 하산하고 있었다.

장터목에 도착하다. 2시 30분. 허기가 느껴지다. 시간이 조금만 여유로워도 떡볶이 라면을 끓여 먹으면 좋으련만 포기하고 대피소 매점에서 백도 하나를 사서 먹다. 데

포시킨 배낭을 찾아 구급낭과 무릎보호대를 꺼낸다. 천왕
봉을 내려서면서부터 오른 무릎이 심상치가 않았다. 양
발 바닥도 느낌이 온다. 오른 무릎에 파스를 2장 붙이고
그 위에 무릎보호대를 하다. 양말을 벗고 양 발바닥에 물
집보호용 테가덤을 붙이다. 속양말을 새것으로 갈아 신고
그위에 쿨맥스 양말을 껴 신다. 종주 산행시 양말을 항상
두 켤레씩 껴 신는다. 당초 계획했던 시간에 귀가하기는
틀렸다.

　장터목을 출발하다. 2시 49분. 가파른 내리막길로 너
덜길이다. 몇 번을 미끄러질 뻔하다. 유암 폭포에 도착하
다. 3시 48분. 잠시 배낭을 벗고 손발을 물에 담그다. 머
리도 감다. 시원하며 다소 추위가 느껴진다. 다시 하산길
로 이어지다. 내리막길에서 오른 무릎에 강한 통증이 느
껴진다. 쌍스틱에 의지하며 어그적거리며 하산하다. 출렁
다리를 지나 중산리 1.3km라 표시되어 있는 로타리, 장
터목 대피소 방향 갈림길 표지판에 도착하다. 5시 50분.
뒤뚱뒤뚱 걸어서 중산리매표소를 향하다. 아까 홈바위교
를 지나 앞서 나가던 중년부부팀의 부인이 다리 근육통이
오는지 맨소래담을 바르고 앞서가던데 지금 지나치며 보
니 나뭇가지에 의지해 거의 기다시피한다. 잠시 걷다 보
니 남자분들이 아예 교대로 그 부인을 업은 채 하산을 한
다. 부인의 몸무게가 거의 60kg 정도의 몸집으로 보이는
데. 다들 하산 중이라서 체력이 바닥 상태일 텐데 대단한
체력들이다. 부인이나 약자를 대동하고 올 경우 여차하면
저런 상황에 대처할 수 있는 체력이 있어야 하지 않을 까
생각해본다.

　중산리 야영장이 보인다. 야영장 아래 매표소에 도착

하다. 6시 정각. 중산리는 매표소는 두 군데가 있다. 법계교를 지나 포장도로를 내려가 주차장매표소에 도착하다. 6시 7분. 택시들이 손님을 태우기 위해 대기 주차중이다. 진주터미널까지 4만원이란다. 택시타는 것을 포기하고 버스 종점까지 걸어가다. 이 시간 이후 진주행 버스가 7시 10분, 7시 30분 두 번이 남아 있다. 버스 종점에 도착. 6시 37분. 장터목에서 3시간 48분 소요, 벽소령에서 13시간 51분 소요. 종점 식당에서 식사를 하고 7시 10분 버스로 진주 시외버스터미널에 도착. 8시 15분. 다시 택시를 집어 타고 다른 장소에 위치한 고속터미널로 이동하다. 9시 30분. 서울행 버스를 타고 강남 고속터미널에 7일 새벽 1시 12분에 도착, 심야 택시로 갈아 타고 집에 도착하다. 새벽 1시 35분이다.Ω

설악산 한계령에서 비선대까지

2005년 5월 14일 토요일 - 15일 일요일
한계령 : 강원 인제군 북면
비선대 : 강원 속초시 설악동

　오늘은 봄철 산불예방을 위해 실시한 설악산 입산통제가 풀리는 날이다. 그동안 벼려오던 설악산 입산을 위해 출발하다. 동서울 종합터미널에서 한계령 휴게소에서 내려주는 속초행 버스를 타다. 한계령을 통과하는 버스 중에는 세워주지 않는 버스도 있다고 하니 확인하고 탈 일이다. 44번 국도를 달려 예정 3시간보다 조금 이른 11시 22분에 한계령 휴게소에 도착하다. 휴게소 정류장에서는 등산복 차림의 5명이 내리다. 나처럼 나 홀로 3명, 남녀 1팀이다.

　12시 2분이다. 휴게소에서 국밥을 먹고 매표소로 이어지는 계단을 오르다. 15kg을 약간 넘는 배낭 무게가 어깨를 짓누른다. 몇 걸음 오르지도 안 했는데 벌써부터 숨이 막혀 오는 듯하다. 출발전 일기예보를 확인하니 설악산 15일 최저 온도가 0℃ 라고 하여 봄가을 침낭에다 겨울 자켓 등 혹 눈을 만날 것을 대비해 짐을 꾸렸다. 현장에 와보니 설악의 날씨가 너무 화창하다. 무식하게 무거운 아이젠까지 챙기려 했으니. 다리 힘이 약해 최근 헬스 싸이클로 다리 근력 운동을 해서 그런지 예전 보다는 그래도 덜 힘든 것 같다. 오늘은 산불 통제가 해제되는 첫날이어서 많은 사람이 입산을 할 것으로 생각하다. 매표소

직원에게 물으니 현재 시간까지 한계령 매표소를 통과해 입산한 인원이 300명정도에 이른다고 하다.

완만한 오르막길을 오르면서 펼쳐지는 경관이 참으로 아름답다. 지리산은 웅장하되 수려하지 못하고 금강산은 수려하되 웅장하지 못하지만 설악산은 웅장하면서도 수려하다고 하지 않던가. 주위 경관을 두리번 살피며, 매표소에서 구입한 등산 지도와 1:50,000 지형도를 들여다 보며 내가 서있는 위치를 지형도상에서 확인하려 하지만 아직은 독도법이 서툴러 대충 감만 잡아본다. 선행와 동행할 경우 지나치는 봉우리나 계곡들의 이름을 알 수 있으련만, 나 홀로 산행의 단점인 것 같다.

반대편에서 오는 많은 산님들과 심심치 않게 마주치다. 한 분에게 어디서 오는 길이냐고 물으니 장수대에서 새벽 2시 30분 경에 출발해 한계령을 향한단다. 서북 능선 삼거리에 도착하다. 1시 45분이다. 배낭을 벗고 귀떼기청 쪽을 바라보다. 2~3명부터 10명 전후의 무리를 진 많은 산님들이 귀떼기청 쪽에서 모습을 보이더니 한계령 쪽으로 사라져가고 있다. 나도 당초 주행 계획은 장수대〉대청봉〉공룡능선〉미시령으로 이어지는 설악산 대종주를 하려다 초행길 너무 오바하는 것 같아 마음을 접고 한계령〉대청봉〉천불동계곡〉설악동으로 이어지는 주행코스를 잡았다. 이 주행 코스를 설악산 소 주행 코스라고 말한다.

삼거리에서 잠시 숨을 고르고 주위 경관을 촬영하고 미숫가루 한 잔을 마시다. 바람이 차다. 손이 시렵다. 배낭에서 겨울 장갑을 꺼내 끼다. 외국 속담에 손발이 시려우면 모자를 쓰라는 말이 있다고 한다. 빵모자를 꺼내 쓰고, 방한 방풍 자켓을 꺼내 입다. 대청봉을 향해 출발하다. 긴 서북 능선 마루금이 이어진다. 독도에 아직 서투르니 초행 산길은 사람 발길이 나있는 등로를 따라갈 수 밖에 없다. 만약 사람 다닌 흔적이 없거나 오래되거나 지워져 있는 산을 주행한다면 참으로 난감하리라.

그동안 서울 산줄기 산을 나 홀로 주행하면서 사람 왕래가 한적한 등로를 타다 보면 길을 헷갈려 알바를 하거나 엉뚱한 계곡으로 빠져 되돌아갈 수도 없어 사람 다닌 흔적이 없는 능선과 계곡을 여러 번 헤매다 예정에 없던 곳으로 빠져 나온 경우가 꽤 있었다. 오늘 설악산에서도 서북능선을 타면서 갈림길을 만날 때 마다 이쪽으로 가는 것일까 저쪽으로 가는 것일까 잠시 주춤거렸다. 나뭇가지에 걸린 주행 리본이나 등로 바닥에 산악회의 방향 안내 메모가 없었다면 숱한 알바를 할 뻔했다. 방한 자켓과 빵모자로 인해 이내 땀이 나고 몸이 더워진다. 등로 옆으로 비켜서 자켓과 빵모자를 벗어 배낭에 넣다. 맞은편에서 나 홀로 여자 산님이 앞을 지나쳐 저만치 바위에 걸터앉는다. 어디서 출발했는지 묻자 미시령에서 이른 새벽에 출발했단다. 세상에 여군 특전사를 전역한 여인인 모양이다. 내 배낭을 보더니 배낭이 너무 크단다. 60L냐고 묻길래 45L라고 대답하였다.

끝청에 도착하다. 4시 46분. 바람이 엄청 불어 뾰족한 돌밭 위에 서니 몸이 기우뚱거린다. 저멀리 대청봉이 보인다. 조금 가니 중청대피소가 보이고 먼저 도착한 산님들이 휴식을 취하며 음식을 먹고 있고 몇몇 산님들은 배낭을 벗은 상태로 대청봉을 오르내리고 있다. 5시 35분에 중청대피소에 도착하다. 한계령 매표소에서 여기까지 5시간 32분 소요되다.

침상을 배정받고 배낭을 풀다. 대피소로는 지리산 장터목대피소를 처음 사용해 보았는데 그곳은 남녀를 구분하던데 이곳 대피소는 남녀 공동 사용이다. 대피소는 말 그대로 비상 시설이다. 산님들이 악천후를 만났을 경우 대피할 수 있도록 만들어진 비상 시설이기에 굳이 남녀를 구분할 필요가 없다고 본다. 그리고 또 다른 점은 분리수거함이 비치되어 있다는 점이다. 지리산에서는 대피소 매점에서 구입한 패트 물병도 다 마신 후 되가져가도록 엄격하게 하던데 이곳 설악산은 다르다. 두 방법이 각각 장단점이 있겠지만 설악산 방법이 괜찮아 보인다. 자기 쓰레기 되가져가기가 귀찮다고 사람 눈길이 못 미치는 관목 사이나 바위 틈새에다 쓰레기를 쑤셔 넣는 양심불량 현장을 가끔 목격하게 되는데 다른 공원에서도 설악산처럼 버릴 곳을 마련해준다면 공단 측에서 조금은 힘드시겠지만 환경이 덜 훼손되지 않을까 생각해본다. 물론 산님들이 버리는 량을 극소화하도록 배낭을 꾸미는 산행문화가 먼저 정착되어야 하겠다.

　오늘 대청봉 일몰 시간이 7시 28분이다. 밥 시간으로는 좀 이르지만 저녁 식사를 해결하고 대청봉에 다녀올 수 있을 것 같다. 콜맨 휘발유 스토브를 켜서 김치와 참치, 고추장, 풋고추를 한데 어울러 국을 끓이다. 코펠 뚜껑에 올리브 기름을 붓고 스팸햄을 굽다. 밥은 집에서 보온 도시락 죽통 0.5L에 싸왔다. 반찬은 배추김치, 부추김치, 멸치꽈리고추무침, 된장, 풋고추, 마른김이다. 미니가스버너와 가스통도 가져오려다 짐을 줄이려고 빼놓고 왔는데 약간 무겁더라도 가지고 왔더라면 취사 시간을 20~30분 아낄 수도 있을 것 같다. 식사 후 남은 국은 내일 아침에 먹기 위해 보온 죽통에 담다. 취사장 안에 물통이 있어 편리하다. 휴지에 물을 묻혀 대충 그릇을 닦다. 쇼핑 비닐 봉투에 스토브, 코펠 온갖 것을 다 쓸어 담아 침상 위 선반에 얹어 놓다.

배낭에서 방한 방풍 자켓과 빵털모자를 꺼내 입고, 겨울 장갑을 끼다. 손전등을 챙겨 대청봉을 향하다. 설악산 일몰 시간까지는 대충 30여 분 남은 것 같다. 하늘은 구름이 끼고 흐려서 낙조를 기대하기는 어려울 것 같다. 부부 두 팀 그리고 너댓 명이 배낭을 매지 않은 채 내려 오고 있고 한 여인도 나홀로 배낭을 맨채 내려오고 있다. 나홀로 여인은 오색에서 오른 듯. 대청봉 표지석과 어디서 옮겨온 듯한 각종 잡석들로 인해 정상의 위엄이 훼손돼 보인다. 하나만 남기고 다 철거해 버렸으면 어떨지

대청봉 정상에 서다. 7시 10분이다. 정상 주위에는 아무도 없다. 어둠이 내리고 있다. 바람이 엄청 불어 바람 맞은 뺨이 이그러지는 것 같다. 사진을 찍을 수 없을 정도로 바람이 거세다. 간신히 몇 컷을 찍고 정상 표지석에 기대어 바람을 가슴에 안은 채 속초 방향 불빛을 바라보고 있는데 한 산님이 다가서며 인사한다. 가족들의 행복과 건강을 기원하다. 어둠이 내리고 있는 사방 팔방 풍광을 살펴본다. 아스라이 불빛만 보인다. 방금 그 산님은 먼저 내려가는 것 같다. 큰 소리로 가족들의 이름을 불러 보다. 비록 집에서 들릴 리 없지만. 거센 바람 소리에 묻혀 내 귀에도 안 들린다. 20분 정도를 정상에서 머물다 대피소를 향해 내려서다. 대피소와 대청봉 정상 간 왕복 등으로 1시간 정도 소요된 것 같다.

어둠이 깔린 능선 안부를 걸어 대피소에 도착하다. 취

사장을 지나며 보니 발 디딜 틈 없이 붐빈다. 침상에 올라서 침낭을 꺼내어 펴다. 1인당 침상 폭 너비가 겨우 배낭 폭 너비다. 완전 군대 칼잠 형태다. 누우니 옆사람의 어깨가 닿 듯 말 듯. 앞 침상과 옆 침상을 둘러 보니 침낭을 가져온 사람은 나뿐이다. 추위를 무난히 많이 타기에 모포로는 보온이 안될 것 같아 이번 설악산 입산을 계기로 11만원 정도의 봄가을용 침낭을 구입했다. 그래도 안심이 안되 화장실 안 탈의실에 가서 하의 내의를 껴입고 침낭 속으로 몸을 들이밀다.

9시 가까이 돼가고 있다. 손목 시계 알람을 4시에 맞추고 눈을 감는다. 왼쪽 옆 사람은 깊은 잠에 빠져있다. 오른쪽 사람은 이제야 저녁을 먹고 침상에 오른다. 몇 사람 건너서 핸드폰이 울린다. 통화를 2~3분 하는 것 같다. 내 핸드폰은 전혀 안 터지던데 저 핸드폰은 어찌된 핸드폰인지. 하도 희한해서 물어보려다가 잠 속으로 빠져 들다. 잠이 깨어 시계를 보니 2시다. 5시간 정도 깨지 않고 잠을 잔 것 같다. 조금 더 자려니 영 잠이 안 온다. 화장실을 다녀오다. 밖에는 찬 바람이 몰아치고는 있지만 영하 기온은 아닌 것 같다. 저 멀리 보이는 불빛들이 속초시렸다. 침상에 다시 누워 보지만 잠이 들지 않는다. 오늘 설악산 일출이 5시 16분이다. 지금 일어나 서두르면 밥 해먹고 대청봉에 오를 수 있고 천불동 계곡으로의 출발도 당길 수 있을 것 같다.

손목 시계가 3시를 가르킨다. 침상 선반에 놓아둔 취사 봉투를 챙겨 취사장으로 가서 불을 키고 취사 준비를 하다. 스토브를 켜 먼저 국을 데우다. 아침용 밥은 씻은 쌀로 포장해 판매하는 해물밥 2인용 짜리로 준비해 왔다.

물을 붓고 30분 정도 끓이고 뜸을 들였으나 쌩쌀 씹히는 기분이다. 물을 설명서보다 더 많이 넣었는데도 쌀이 덜 익은 것 같다. 지난번 지리산 경험이 생각난다. 그때 햇반을 가져 갔다 설명서대로 데워지지 않아 애를 먹었는데 이번에도 그런 것 같다. 등산 음식을 만드는 사람들은 등산을 실제하면서 취사 경험을 바탕으로 등산 음식을 만들면 어떨까 한다. 물을 더 붓고 불 세기를 약하게 10분 정도 더 뜸을 들이다.

침상 왼쪽에서 일찍 잠들었던 사람이 부시시한 모습으로 취사용품을 들고 취사장으로 들어 선다. 젊은 사람이다. 아저씨가 일찍 서둘기에 저도 덩달아 서둘게 되었다면서 계획보다 더 일찍 하산하게 되었다며 즐거운 표정으로 웃음을 건넨다. 어디서 왔냐고 물으니 익산에서 왔단다. 어제 용대리 백담사를 거쳐 올라 왔다고 한다. 타고 온 승용차를 백담 매표소주차장에 나두고 백담사행 셔틀버스가 운행되기 전인 새벽 6시경에 출발하여 이곳 중청대피소에는 오후 4시 경에 도착했다고 하니 대략 10시간 소요된 것 같다. 다시 그곳으로 하산하여 귀가할 계획이란다. 나도 작년 늦가을 아내와 함께 백담사에 가기 위해 셔틀버스를 타고 백담사 계곡을 오르면서 아내가 연신 풍광에 감탄을 하던 기억이 난다. 그분에게 대청봉 일출을 안 보려느냐고 묻자 빙그레 웃으면 그냥 하산하겠다고 답한다. 그 사람이 간단하게 식사를 마칠 때 까지도 해물 밥은 뜸이 들지 않는다. 어제 보니 사람들이 모포를 빌릴 때 신분증을 맡기게 하던데 아직도 4시가 안되어 안내 직원을 깨워야 할 텐데. 얼추 해물 밥이 뜸이 든 것 같다. 점심용으로 보온죽통에 반을 덜어 넣다. 어제 남긴 스팸햄을

엷게 잘라 코펠 뚜껑에 구워서 반을 점심용으로 보온 죽통에 밥 위에다 얹고 나머지 반을 지금 먹다. 뜸이 아무래도 덜 든 것 같은데 설명서에 쫄깃한 맛이 난다고 하였기에 그게 이 맛이려니 하고 그냥 먹다. 맛이 영 아니다. 억지로 입안으로 구겨 넣다. 코펠을 다 비웠으나 누룽지가 많이 들어 붙어있다. 국도 어제 저녁 맛과 달라 다 먹지를 못하다. 물기를 제거하고 포장 비닐 봉투에 담아 분리 쓰레기함에 버리다. 아까 익산의 젊은 산님이 모포를 안고 불꺼진 채 닫혀있는 안내실 유리문을 바라보며 앉아있다. 모포를 반납하고 신분증을 찾아야 되는데 아직 안내 직원이 취침 중이라 깨우지를 못하고 있는 모양이다. 저 양반 한 30~40분 하릴없이 소비한 격이 되겠다. 4시를 넘기면서부터는 몇몇 팀이 취사장에 들어서다. 취사장을 나서니 계단으로 많은 사람들이 부산하게 오르내린다. 아마 대청봉 일출을 보려고 준비들을 하는 것 같다. 4시 30분을 넘기고 있다. 대청봉을 향해 출발하다. 안내실 문이 열려 있다. 그 젊은 양반은 떠났는지 안 보인다.

많은 사람들이 대청봉을 향하고 있다. 여명이 밝아 오고 있다. 정상에 서다. 앞서 도착한 많은 사람들이 정상표지석을 감싸고 모여서 동쪽 하늘을 바라보고 서있다. 붉은 태양이 용틀음을 하며 서서히 솟구쳐 오르고 있다. 어젯 밤 구름이 끼어서 오늘 일출을 볼 수 있을까 했는데 정말 행운이다. 웅성임속에 탄성이 터진다. 많은 사람들이 기념사진 찍기 바쁘다. 나도 질세라 연신 디카 셔터를 눌러댄다. 셀프 촬영도 많이 많이 하다. 일행들에게 망원 사진기로 사진을 찍어주고 있는 분에게 한 컷 찍어주기를 부탁하다. 갓 태어난 해님에게 가족들의 건강과 행복을 기원하 다. 10여분을 체류한 후 하산하다. 중청대피소 내리막 안부 능선이 아침 햇살을 받아 아름다운 자태를 뽐내고 있다. 지나가는 분이 저멀리 화채능선 공룡능선이 오버랩되어 보인다고 말하다. 중청대피소에 도착하니 인파로 붐빈다. 앞뜰에서 많은 사람이 취사를 하고 있다. 취사장 안도 비집고 들어갈 틈조차 없을 정도로 많은 사람이 붐빈다. 침상에 배낭을 꾸려 출발 준비를 하다. 무박 산행으로 산악회 인솔로 참여한 많은 사람들이 아침을 먹고 있다.

중청대피소를 출발하다. 6시 24분. 잠시 가니 용아능선이 말그대로 용의 이빨을 드러내고 있는 모습이다. 산악회 회원이 혼자 떨어졌다며 백담사와 희운각대피소 갈림길에서 공룡능선 길 방향을 묻길래 백담사방향을 가르키고 말았다. 나중에 희운각대피소에 도착할 무렵에야 내가 실수를 한 것을 알고 아차 이런 실수를 하다니. 초행 주제에 남에게 아는 척하며 엉뚱한 길을 가르쳐 주다니. 아이고 이를 어쩌나 신음 소리를 내며 희운각대피소에 도착해보니 아까 그 산님이 저 멀치에 앉아 복사된 등산 지도를 열심히 들여다보고 있지 않은가. 어찌나 반갑고 안심이 되는지 달려가 덥썩 손이라도 잡고 싶었다. 멋쩍어서 아는 척을 못했는데 이 글을 통해 정말 죄송하다는 말씀 전합니다. 전에 나도 그 산님 같은 경우를 당한 적이 두서너 번 있다. 모르는 길 어설프게 답변할 일이 아니라는 것을 또다시 깨우쳤다. 백담사 갈림길에서 희운각대피소에 이르는 길은 정말 내리막길의 연속이다. 부스러기 돌바위들이 널려 있어 내려오면서 몇 번을 미끌어져 엉덩방아를 찧다.

희운각대피소에 도착하다. 8시 5분이다. 많은 사람들로 붐빈다. 거의 대부분 단체이고 나만 나 홀로인 것 같다. 약간 허기를 느끼다. 매점에서 사이다 캔을 하나 사서 마시다. 스카프를 한 장 사다. 설악산과 금강산이 함께 소개된 대형 스카프다. 여름철 땀닦이로 적격일 것 같다. 많은 사람을 뒤로하고 나 홀로 출발하다. 무너미 고개 이정표가 나타나다. 8시 14분이다. 평평한 능선으로 직진하면 공룡능선, 우측 내리막길로는 천불동계곡으로 이어지다. 천불동계곡을 향해 내려가다. 대학생 산악회 남녀 회원 20여 명이 나보다 더 큰 배낭을 매고 앞서 나간다. 천천히 내려가니 산악회 패찰을 배낭에 매단 체 많은 산님들이 앞질러 나간다. 백담사 갈림길에서 마주쳤던 어머니 아들 일행도 앞서 나간다. 계곡이 시작되며 물 흐르는 소리가 우렁차게 들려오기 시작한다. 한참을 내려가니 앞서 갔던 대학생 산악 회원들이 계곡물에 발을 담그고 있다. 조금 내려가서 나도 발을 담가보아야겠다.

웅장하고 수려한 계곡미가 펼쳐진다. 천불동계곡. 정말 대단한 계곡이다. 지리산 칠선계곡, 한라산 탐라계곡과 더불어 우리나라 3대 계곡이라 하지 않던가. 하늘을 찌르듯 높이 치솟아 있는 모습이 참으로 장관이다. 꼭대기를 올려다보니 뒷골이 다 아프다. 유명한 폭포가 계속 이어진다. 철계단이 무수히 펼쳐진다. 만약 철계단이 없다면 보통 사람들은 감히 근접할 수 없는 계곡이리라. 여하튼 자연 속의 인공 구조물인 철계단도 장관이다. 천당폭포, 양폭을 지나 양폭대피소에 도착하다. 9시 50분.

허기가 느껴질 것 같아 미리 식사를 하다. 보온 죽통을 열어 한 숟가락을 떠먹으니 아침과는 달리 아주 밥이 맛있다. 쌀알이 잘 씹힌다. 통안에서 뜸이 든 모양이다. 그것 참. 어제 저녁과 오늘 아침보다 더 맛있는 산행음식을 먹는다. 새벽 4시 경에 밥을 먹었으니 6시간 만에 밥을 먹은 격이 된다. 등산학교에서 산행시 다음 네 가지를 지키라고 강조한다. 춥기 전에 입고 덥기 전에 벗고 지치기 전에 쉬고 허기지기 전에 먹으라고. 그래서 나는 이 강조 사항을 보행 4전(前)원칙으로 정하고 잘 지켜나가고 있다.

10시 51분 오련폭포를 지나 칠선골로 접어들다. 귀면암에 도착하다. 11시 26분. 비선대가 얼마 남지 않은 듯. 디카 밧데리가 여분용까지 다 떨어지다. 디카 렌즈 뚜껑이 망가지다보니 밧데리 전원 소모율이 높아 진 모양이다. 설악골을 지나 비선대 도착하다. 12시 37분이다. 양손이 동상에 걸린 것 같다. 손톱 양끝의 살이 갈라져 피가 엉기고 핸드폰 단추를 누르는 것이 고통스러울 정도다. 영하의 날씨도 아닌데 동상에 걸리다니. 지난번 지리산 다녀 온 후에도 동상에 걸려 고생했는데 이번에도 이렇다니. 여하튼 앞으로는 봄 여름 가을에도 보온 장갑은 무조건 준비해 가야겠다. 나중에 집에 돌아와 뜨거운 물로 이틀 정도 찜질을 했다. 비선대 식당에서 점심 식사를 한 후 신흥사를 거쳐 설악동주차장 버스정류장에 도착하다. 1시 37분이다. 속초시 시외버스터미널행 7번 버스를 타고 터미널에 도착하니 성남행 버스가 4시에 출발 예정이다. 1시간 30분 이상을 대합실에서 기다리다. 5시간을 달려 성남에 도착하니 밤 9시 5분이다.Ω

성남시 율동에서 남한산성까지[*]

2005년 1월 8일 토요일
율동 : 경기 성남시 율동
남한산성 : 경기 광주시 남한산성면

날씨개항 : 낮에는 햇볕이 밝게 내리쬠. 초저녁에 눈이 내리다. 바람은 잔가지를 약간 흔들 정도. 시계능선과 남한산성 그늘진 곳은 얇은 얼음 발견, 산성 하산 길은 수군데 빙판길. 준비물 : 배낭, 무릎보호대, 헤드라이트, 1회용 우의, 장갑, 스틱, 선그라스, 마스크, 디카, MP3, 깍은 사과 2개 넣은 통, 1리터 보온통, 녹차 3개, 탄산음료 1통, 사발면 1개와 나무젓가락, 연강갱 2개, 초코렛과 사탕, 쓰레기 비닐봉투 2개. 산행코스별 통과시간 : 9시 48분 새마을연수원정문출발-10시 33분 맹산-11시 56분 영생관리사업소 뒷능선-12시 6분 갈마터널-1시 26분 이배재고개-2시 10분 왕기봉-2시 24분 사기막골 능선 -2시 40분 검단산 헬리포트-3시 33분 남문매표소-4시 16분 수어장대-5시 7분 북문-6시 22분 동문-7시 남문매표소-7시 10분 남한산성유원지 하산-8시 남한산성 관리사무소.

오늘은 2005년 1월 2주차 휴무일이다. 토요일이 법정 휴무일로 정해졌건만 아직 실감이 안 난다. 분당 율동

---

[*] 장거리 산행을 시작하면서 처음으로 작성한 산행기입니다. 산행기는 후답자들에게 길잡이 역할을 합니다. 등산학교에서 배운바 대로 준비물품을 꼼꼼히 챙겼습니다. 코스별 통과 시간도 세세하게 기록했습니다.

에서 남한산성 수어장대까지가 오늘의 산행 목표다. 작년 말부터 벼러오던 산행이다. 날씨는 예상보다 매우 좋다. 전날 밤 일기예보가 기온이 영하권으로 급강하하여 올 겨울 들어 가장 추우리라 해서 산행을 포기했다가 아침에 일어나니 날씨가 여간 좋은 것이 아니다. 기온도 그렇게 추운 것이 아니다. 그래서 다시 배낭을 챙겨 집을 나서다. 산행 들머리는 새마을연수원 정문 옆 등산로. 9시 48분 출발. 스톱워치 작동과 만보기 셋업. 장시간 장거리 산행 시에는 워밍업으로 출발 후 20분 정도에서 휴식을 취하는 것이 좋다고 해서 토끼골에서 5분간 휴식. 평소 산행 속도는 평상인의 보통 속도보다 더 느리다.

거북터를 통과 맹산 정산에 10시 33분에 도착. 맹산 정상에는 영장산 표지석이 있고 해발 413.5m이라 새겨져 있다. 율동 사택에 16년째 살지만 영장산이라는 명칭은 귀에 설다. 산 아래 율동 마을 노인들 말로는 이 산의 이름은 맹산이다. 옛날에 매가 많아 매산이라 했는데 매산, 매산하다 맹산이 되었다고 한다. 영장산이라는 명칭이 언제부터 불리어 졌는지 모르겠다. 그리고 방금 지나온 토끼골과 거북터는 분당 시가지가 조성되기 전 인적이라고는 전혀 없던 잡목만 무성하던 곳을 90년대 초 새마을연수원에서 중고등학생 여름 특별수련 시 OL코스로 활용하기 위해 교직원들이 정글도를 갖고 잡목을 제거하여 길을 닦아 만들고 명명하였다. 따듯한 녹차를 한 잔 한 후 남한산성 방향 내리막길로 내려서다. 여기서부터 남한산성 남문까지가 성남시와 광주시의 시계 능선이 펼쳐지고 오늘 산행은 바로 이 시계 능선을 따라 남문까지 이어진다. 지나치는 등산객이 한 명 없는 호젓한 시계 능선 길을 터벅터벅 걸어가다. 좌측은 성남시 우측은 광주시. 춥지만 않다면 가을 산길을 걷는 기분일 것 같은 안부 능선 길이다. 그늘진 음지에는 옅게 얼음이 깔려 있다. 바람이 매섭다. 타이즈를 입고 오리털 돕바를 입길 잘했다. 돕바 모자를 뒤집어 쓰다. 능선 길은 부드럽고 흙길이라서 다리에 무리가 덜 한 것 같다. 무릎 보호대를 오늘은 사용하지 않았으면 한다.

11시 56분 영생관리사업소 뒤 능선을 통과하다. 몇 년 전 회사 동료 한 분이 순직하여 이곳에서 화장시키고 유골을 안치시킨 바 있다. 삼가 명복을 빈다. 갈마치 고개를 지나 상대원동이 바라보이는 능선 길을 지나다. 점심 식사을 하다. 점심 메뉴는 사발면, 사과두 조각, 연강갱 1개, 녹차 한 잔. 이제 등산객들이 가끔 옆으로 지나쳐간다.

1시 26분에 이배재고개 능선을 통과하다. 무명봉및 왕기봉 통과. 왕기봉 정상에 표지석이 서있고 2002년 4월 26일 진흥산악회립이라고 새겨져 있다. 왕기봉 오르막길은 다소 가파르다. 사기막골 능선을 통과하여 2시 40분에 검단산 헬리포트에 도착하다. 포장도로로 내려서서 남문을 향해 곧장 걸어가다. 3시 33분에 남한산성 남문에 도착하다. 새마을연수원정문 출발 후 5시간 45분 소요. 벨트 만보기를 열어보니 무슨 이유인지 카운트가 안 되어있다. 매표소에 1,000원 입장료를 지불하고 산성 안내도를 한 부 받은 후 성곽 위로 올라서다. 안내도를 들여다보니 성 둘레가 11.76km란다. 동문 쪽으로 가다가 안내도를 보니 수어장대는 반대편이다. 다시 발길을 돌려 서문 쪽을 향하다. 제법 경사진 계단길이 나타나고 내

리막길이 이어지다. 내리막길에서 왼쪽 무릎 부위가 약간
땡기기 시작하다. 무릎 땡기는 느낌은 오르막길에서는 잘
느껴지지 않는다. 특히 계단 내리막길은 두 발을 모았다
내디뎌야 고통이 덜하다. 한쪽에서 일군의 산악 회원들이
옹기종기 둘러서서 간식들을 먹고 있다. 정체가 될 정도
의 인파는 아니지만 꽤 되는 등산객들이 오고 가고 있다.
이곳 성곽이 지금은 평온하게 등산객들이 오가고 있지만
그 옛날에는 우리 조상들이 생사를 걸고 적과 대치했던
장소가 아니던가. 후손들에게 들려주기도 싫은 삼전도 치
욕의 역사가 생각나는 곳. 그 같은 역사는 결코 되풀이 돼
서는 안 되겠다. 정신 똑바로 차리자.

　4시 16분에 수어장대 도착. 앞마당 매바위에 중상모
략으로 참수를 당한 이회 장군의 일화가 소개되어있다.
옛날에도 지금처럼 남 잘되는 꼴은 못 보고 남 험담하기
를 좋아했을 것이다. 어떤 사람의 산행기를 보니 남한산
성에서 일출을 볼 수 있는 곳이 이곳 수어장대란다. 오늘
산행은 이곳 수어장대까지인데 시계를 보니 4시 26분이
다. 해가 지려면 아직 시간이 남았다. 온 김에 산성 성곽
을 일주키로 하다. 서문 통과하면서 왼쪽 무릎 통증을 참
을 수 없어 무릎보호대를 하다. 남은 사과와 연갱갱, 뜨거
운 물 한 잔 먹은 후 잠시 걸어 5시 7분에 북문에 도착하
다. 눈이 날리다. 6시 15분을 지나면서 동장대터, 장경사
앞길, 송암정을 통과하다. 주위가 어두워 헤드라이트를
꺼내보니 불이 안 들어 온다. 밧데리가 방전된 모양이다.
낭패다. 스위치 단추를 차례로 누르면 꺼지고 켜지게 되
어있는데 배낭 속에서 다른 물건에 부딪혀 전원 스위치가
켜진 채로 있다가　밧데리가 방전된 모양이다. 동장대를

지나치는 전후는 그야말로 폭설을 방불케하는 눈발이 날렸다. 동장대 암문 밖은 벌봉 방향이다. 동장대 부근까지는 성벽을 새로 단장한 모양인데 동문을 지나 남문 방향은 성곽들이 허물어져 있어 다리를 헛디디면 성벽 3-4m 아래로 추락하기 쉽상일 것 같다. 다행히 쌓인 눈빛으로 지척을 분간할 수 있어 다행이었다. 핸드폰 조명으로 안내도에서 현 위치를 확인하고 엉금엉금 기어서 남문을 향하다. 7시 경 제2옹성 암문 공사 현장을 지나 남문매표소에 도착하다. 인적도 없고 도로에는 자동차가 한 대도 보이지 않는다. 남문매표소 가로등만 빛나고 있다.

산성유원지 하산길을 찾아야 할 텐데 이 길은 초행길이고 불빛이 전혀 없어 처음에는 잠시 헤매였다. 산성 아래 은행동 쪽으로 내려다 보이는 시가지의 야경 불빛이 휘황찬란하다. 저기로 내려서야 하는데. 쌓인 눈빛에 비친 길을 따라 아까 올라오던 길을 엉금엉금 더듬어 가다. 아까 지나쳤던 정자가 보인다. 오를 때는 눈이 오지 안 했는데 지금은 제법 눈이 쌓여 있다. 가로등불이 켜진 초소가 보인다. 조금 가니 표지판이 있어 핸드폰 불빛으로 유원지 방향을 확인하고 하산 시작. 하산 길은 계곡길이다. 하산 중 비탈 빙판에 두서너 번 미끄러져 엉덩방아를 찧다. 눈길에 미끄러져 비틀거리기를 수차례. 자칫했으면 골절상을 당할 번했다. 겨울 산행길에는 아이젠 필수 지참. 드디어 8시 관리사무소 도착하다. 하산하는 데만 50분 정도 소요. 배가 고프고 식당들도 많이 보이건만 밥 먹을 생각도 없이 버스를 집어 타고 집을 향하다. 9시 30분에 집에 도착하였다.Ω